All about
고객서비스 실무

한 올

머리말

국가 경제에서 서비스 산업이 차지하는 비중이 높아지면서 서비스의 중요성은 더욱 더 중요해지고 있다. 국민의 총생산(GNP)의 반 이상이 서비스 산업에서 창출되고 있고, 향후 서비스 산업은 더 높은 부가가치를 창출할 수 있어, 국가경제를 지탱할 수 있는 핵심동력인 산업이다. 이에 따라 서비스 학자 Vargo & Lusch(2004)는 서비스 중심적 사고(Service-dominant logic)를 제안하였다. 이는 기존의 제품에서 가치가 창출이 되었다면 이제는 제품이 제공하는 서비스를 통해 가치가 창출이 되며, 기업들은 이제 서비스중심으로 사고구조가 변화해야함을 시사한다. 서비스 산업의 중요성이 더욱 더 높아짐에 따라 서비스 산업의 고용비중 또한 나날이 증가하고 있다.

본서는 향후 사회에 첫발을 내딛어 서비스현장에 근무하게 될 사회초년생들을 위해 함양해야할 서비스 이론과 실무 그리고 다양한 서비스 사례들을 담고 있다. 총 13장으로 구성되었으며 1장에서 5장 까지는 서비스 현장에서 적용할 수 있는 서비스 이론과 실무 그리고 사례들을 담았고, 6장에서 13장까지는 서비스인의 긍정적인 이미지를 위한 매너와 이미지메이킹에 대한 내용으로 구성하였다.

1장에서는 고객서비스에 대한 이해 돕기 위해 서비스 정의 및 특성, 고객과 고객만족의 의미 등 서비스 이론과 실무적 사례를 담고 있다. 2장에서는 고객접점서비스에 대한 이해를 돕기 위해 고객접점서비스에 대한 개념, 고객접점요소, 고객접점 유형, 서비스 기업의 고객접점 사이클 찾기, 서비스품질평가 모형 등 실무에 적용할 수 있는 다양한 서비스 이론과 사례를 담았다.

3장에서는 서비스 실패와 서비스 회복에 대한 내용으로 서비스 기업에서 불만고객을 응대할 수 있는 프로세스에 대한 내용을 담았고, 4장에서는 DISC 고객유형별 응대에 대한 이해를 돕기 위해 DISC의 개념과 유형별 특징, 그리고 서비스 현장에서 DISC유형별 고객응대에 대한 내용을 담았다.

5장에서는 서비스커뮤니케이션에 대한 내용으로 커뮤니케이션의 의미와 서비스인으로 고객을 응대할 때 사용해야 할 올바른 화법을 담고 있다.

6장과 7장에서는 이미지메이킹에 대한 내용으로 이미지의 개념과 이미지메이킹에 대한 필요성 및 중요성 그리고 호감을 줄 수 있는 첫인상에 대한 내용으로 서비스인으로 긍정적 이미지를 위한 구체적 개념과 트레이닝 방법을 담고 있다.

8장에서는 서비스인의 이미지를 최상으로 부각할 수 있는 퍼스널 컬러에 대한 내용을 담고 있다.

9장과 10장에서는 서비스인으로 반드시 알아야할 비즈니스 매너와 고객응대 매너를 담았고, 11장에서는 서비스인으로 갖춰야할 용모와 복장에 대해 담고 있다.

마지막 12장과 13장에서는 글로벌 비즈니스 실무에 적용할 수 있는 올바른 글로벌 매너와 와인에티켓 등을 담고 있다.

본서는 서비스 이론과 실무 그리고 서비스 매너, 서비스인의 이미지메이킹에 대한 내용을 함께 담고 있어 서비스현장에 근무하게 될 사회초년생들에게 많은 도움이 될 것이라 희망한다.

본서가 나올 수 있게 격려해주시고 지지해주신 많은 분들께 감사드린다.

먼저 부족한 제자에게 항상 격려와 지지를 아낌없이 주시는 존경하는 고려대학교 박철 교수님과 든든한 Digital Marketing Lab의 랩원들(이중원, 김오성, 이윤혜, 김수정)께 감사의 마음을 전한다. 그리고 항상 따뜻하게 격려해 주시는 영진전문대학교 배기완 교수님, 지현정 교수님과 그 외 경영계열 교수님들, 영남대학교 김나연 교수님, 대구가톨릭대 김서윤 교수님께 감사의 마음을 전한다. 항상 긍정적인 에너지와 따뜻한 격려를 주시는 애플피부과 금성인 부장님께도 감사의 마음을 전한다. 언제나 묵묵히 지지해주는 사랑하는 가족에게도 감사의 마음을 전한다.

먼저 실무에서의 경험을 토대로 책으로 엮어 내고 싶었던 생각을 구체적으로 실행시켜 준 정옥경 교수님께 감사의 인사를 전한다. 끝이 보이지 않는 학업연구의 길일지라도 항상 응원하며 든든한 지원군이 되어주고 있는 가족들을 생각하니 감사한 마음이 올라온다. 부족하지만 한 걸음씩 성장할 수 있도록 격려를 아끼지 않으시는 경희대학교 변정우 교수님, 부경대학교 전제균 교수님, 영진전문대학교 경영계열 모든 교수님들께 감사의 인사를 전한다. 마지막으로 내 마음의 친정과도 같은 코레일관광개발의 선, 후배 임직원 분들에게도 고마움을 전한다.

끝으로 본서가 나올 수 있도록 많은 정보를 주시고 지원해주신 한올 출판사 관계자분들께도 진심어린 감사의 마음을 전한다.

2020년 1월
저자 정옥경, 지현정

All about
고객서비스 실무

차 례

고객서비스 이해

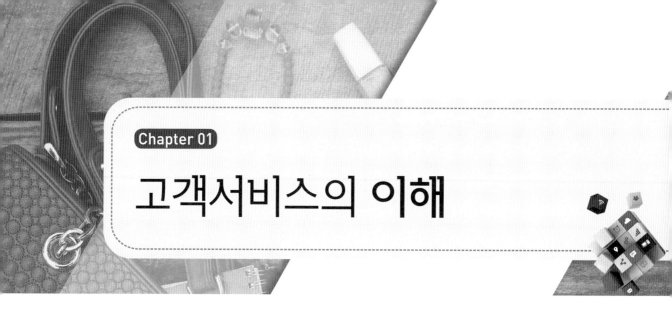

Chapter 01
고객서비스의 이해

1 서비스 경제의 도래

세계적으로 서비스 경제화가 급속화 되면서 서비스의 중요성은 날로 커지고 있다. 우리나라의 경우, 1990년대를 기점으로 서비스 경제로 접어들었다 할 수 있으며 산업 전반으로 서비스가 차지하는 비중이 점차 증대되었다. 통계청 자료에 따르면 우리나라의 서비스업의 고용비중은 1990년대 47%에서 2010년을 기준으로 76%로 증가되었고, 2016년 기준 70%로 다소 감소되었으나, 지난 20년을 돌아보면 약 30% 증가한것을 볼 수 있다.

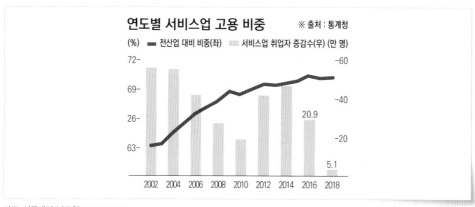

자료: 이투데이, 남주현 2019-10-03

2000년대를 살고 있는 지금 많은 직종이 서비스를 말하지 않을 수가 없게 되었고, 대부분의 국민들이 서비스와 관련된 직종에 종사 하고 있다. 서비스는 이제 많은 산업 분야를 막론하고 국가경제의 키워드이자 기업의 지속적 경쟁우위의 원천인 되고 있다.

2 서비스의 의미

▨ 서비스란 무엇인가?

서비스는 라틴어 'SERVUS'로 '친절', '봉사'의 의미에서 유래되었다고 한다.

일반적으로 우리가 흔히 알고 있는 서비스는 '음료는 서비스입니다', '냉장고를 구매하면 청소기를 서비스로 드립니다' 등의 '덤'의 의미, '저 카페 직원은 서비스가 아주 좋아'의 '친절'의 의미, '자동차를 구매한 고객은 1년간 무상서비스를 제공합니다'의 '에프터 서비스(After Service)'의 의미, 그리고 '오늘 하루는 사랑하는 가족을 위해 풀 서비스를 할 거야'의 '봉사' 등 다양한 의미가 담겨있다.

우리가 일상에서 흔히 생각하는 서비스의 의미는 무상으로 제공되는 덤, 봉사, 친절, 에프터서비스(After Service)로 생각할 수 있다. 경제학자들은 '눈에 보이지 않는 것(무형의 것)'을 생산해 내는 산업이 서비스 산업이라 하였고, 서비스를 비생산적 노동, 비물질적 재화로 정리할 수 있다고 하였다.

서비스는 학자들에 따라 그 정의가 조금씩 차이가 나는데 다음은 서비스 학자들의 서비스의 여러 가지 정의들이다.

▨ 미국마케팅학회(American Marketing Association, 1960)

서비스를 판매목적으로 제공되거나 상품판매와 연계해서 제공되는 모든 활동, 편익, 만족으로 정의

필립 코틀러(Kotler, 1999)

서비스란 한 쪽이 다른 한쪽에게 제공할 수 있는 활동, 혜택으로 무형적이며 소유될 수 없다. 서비스의 생산은 유형적인 제품과 연계될 수도 있고 그렇지 않을 수도 있다라고 정의

라스멜(Rathmell)

서비스란 시장에서 판매되는 무형의 상품

이유재(2019)

고객과의 상호작용을 통해 고객의 문제를 해결해주는 활동

이처럼 많은 학자들이 서비스에 대하여 다양하게 정의를 하였다. 학자들의 관점에 따라 서비스는 그 정의가 조금씩은 차이를 보이는데 본서에서는 서비스를 '고객과의 상호작용을 통해 고객만족을 이끄는 모든 유무형의 활동'으로 정의하였다.

3 경쟁력은 서비스이다!

1) 서비스 경제의 도래

서비스 경제란? 국민의 총생산(GNP)의 반 이상을 서비스에 의존하는 것을 말하며 한 국가의 경제에서 무형의 자산을 투입하여 유형의 산출물이 나오지 않지만 이익을 창출하는 산업이 GNP의 반 이상 차지를 할 때 이미 우리는 서비스 경제에 접어들었다라고 한다. 서비스 경제에서는 서비스가 차지하는 규모나 비중이 높으며 새로운 유형의 서비스가 지속적으로 등장하는 등 경제의 구조적 변화를 일으키고 있다. 이에 따라 기

업들은 서비스가 좋지 않으면 경쟁에서 도태되는 이른바 서비스 경쟁시대가 도래되었다고 할 수 있다.

수요가 공급을 초과하던 시절에는 기업들은 단순히 제품만 잘 만들어 시장에 내놓으면 저절로 판매가 되었다. 수요가 폭발적으로 많았던 이때는 별 다른 서비스 없이도 기업이 비즈니스 하는데 큰 어려움이 없었다. 하지만 공급이 수요를 초과하는 현시점에서는 고객들은 이전과 비교해 큰 힘을 가지게 되었고, 그에 따라 시장의 주도권도 기업에서 고객으로 이양이 되었다. 이제 기업들은 경쟁사와 차별화된 서비스를 생각하지 않고서는 비즈니스를 할 수 없는 시대가 된 것이다. 이에 따라 학자 Vargo & Lusch(2004)는 기존의 기업의 사고 구조를 제품중심논리(good-dominant logic)에서 서비스 중심으로 바꿔야한다고 주장하였다. 이것은 서비스 경제에서 서비스 중심적 사고(Service-dominant logic)를 해야한다는 말과도 일맥상통한다고 할 수 있다. 서비스 중심적 사고(Service-dominant logic)란 기존의 제품에서 가치가 창출이 되었다면 이제는 제품이 제공하는 서비스를 통해 가치가 창출된다는 의미이며, 기업들은 서비스중심으로 사고구조가 변화해야함을 시사한다.

4 서비스의 특성

서비스는 제품과 달리 무형의 성격을 띠고 있기 때문에 제품과 차별되는 몇 가지의 특성이 있다. 무형성, 비분리성, 이질성, 소멸성으로 구성되며 이것을 서비스의 4가지 특성이라 한다.

1) 무형성

첫째, 서비스는 '형태가 없다'
눈으로 보거나 만질 수 있고 소유권도 가질 수 있는 제품과 달리 서비스는 눈으로

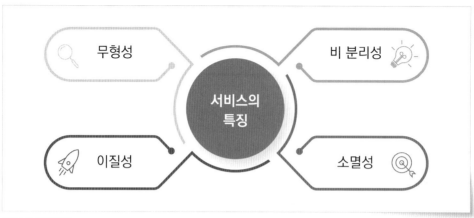

서비스의 특징
- 무형성
- 비 분리성
- 이질성
- 소멸성

서비스의 4가지 특성

보고 만질 수가 없는 이른바 '형태가 없다'라는 것이다. 이것을 서비스의 특성 중 무형성이라 하며 '법률서비스'나 '의료서비스' 등이 그 대표적인 예이다.

사람들은 몸이 아프거나 법적인 다툼이 발생했을 때 변호사나 의사를 만나 해당 서비스를 구매하게 된다. 의사를 만나 아픈 곳을 낫게 하고, 변호사를 만나서 억울했던 일의 해결을 원하며 그에 상응하는 금액을 지불하게 되고 해당서비스를 이용하게 된다. 금액을 지불하고 구매를 했지만 우리가 구매한 서비스는 눈으로 보거나 만질 수가 없다.

반면, 우리가 기업에서 판매하는 제품을 구입하게 될 경우를 생각해보자. TV를 구매한다고 가정했을 때 전자대리점에서 금액을 지불하고 해당 제품을 구매하고 배송을 받게 된다. 구입한 TV가 배송이 되어 집으로 오게 되면, 눈에 보이고, 만질 수 도 있고, 소유권 또한 구매자에게 있는 것이다. 이것을 제품의 '유형성'이라 하는데 이러한 유형적 제품과 달리 서비스는 무형적인 성격을 띠고 있다는 것이 그 특징이다.

이러한 서비스 특성 때문에 서비스는 제품과 달리 진열해 놓을 수 도 없고 제품처럼 테스트를 할 수도 없다. 서비스는 본인이 직접 경험해 보지 않는 이상 그 서비스 품질을 가늠하기 힘들고 같은 서비스라 할지라도 고객에 따라 느끼는 정도는 다를 수 있다. 또한 서비스 평가에 있어서도 상당히 주관적일 수밖에 없고, 규격화 할 수 있는 제품과 달리 규격화하기도 힘들다. 많은 서비스 기업들이 이러한 서비스의 무형적 성격 때문에 다양한 서비스 전략을 쓰고 있다. 다음은 서비스의 무성형을 극복하기 위한 서비스전략들이다.

▨ 실체적인 단서제공(물리적 환경관리)

서비스는 고객이 직접 경험해보지 않고서는 그 서비스품질을 알 수가 없다. 이러한 무형적인 특징 때문에 많은 서비스 기업들은 물리적 환경 내에서 객관적인 증거들을 많이 제시한다. 마케팅학자 Kotler(1973)에 따르면 소비자들이 구매의사결정을 할 때 물리적 환경이 큰 영향을 미칠 수 있음을 주장하였다. 이러한 물리적 환경에는 시설, 인테리어, 조명, 음악, 향기, 색상, 상징물, 로고 등 다양한 요소들이 포함된다.

예를 들면 의료서비스의 경우, 진료를 받기 전엔 그 서비스가 어떨지 예측하기 어렵다. 따라서 많은 의료기관들은 병원의사의 명성과 관련된 자료들을 병원내부에 전시하기도 하고 각종 최첨단 장비의 배너, 병원홍보자료 등을 병원 내부에 배치하여 고객들이 볼 수 있도록 하여 서비스품질을 예측하도록 한다. 뿐만 아니라 대기공간의 고급스러운 인테리어나 직원들의 유니폼, 고객과의 접점이 발생하는 모든 물리적 환경들을 전략적으로 관리한다.

▨ 구전활동

구전활동 또한 무형성을 극복하기 위한 하나의 전략이다. 최근에는 SNS의 발달로 이를 통한 구전 마케팅활동이 보편화되고 있다. 서비스 기업이 온오프라인의 구전을 전략적으로 관리 하는 것도 무형성을 극복하기 위한 하나의 전략이다.

그밖에도 기업의 이미지 관리, 구매 후 커뮤니케이션 관리 등이 있다.

2) 비분리성

둘째, 서비스는 '생산과 소비가 동시에 일어난다'

생산은 제조공장, 소비는 고객의 일상 공간(집, 학교, 직장, 카페 등)에서 이루어지는 제품과 달리 서비스는 생산과 소비가 동시에 일어난다는 것이다. 서비스의 유형에 따라 약간의 차이는 있겠지만 어떤 서비스는 고객이 반드시 서비스를 받는 공간 안에 있어야만 하며 기업과 상호작용하며 이루어진다는 것이다. 즉, 기업이 서비스를 생산해내면서 동시에 고객은 그 서비스를 소비하는 특성을 가지고 있다.

예를 들어 미용서비스에서 서비스 생산은 헤어샵에서 헤어디자이너가 개인의 기술을 이용하여 서비스를 생산해낸다. 동시에 고객은 그 공간 안에서 헤어디자이너가 생산해 내는 서비스를 소비를 하고 있다. 그 결과물로는 헤어디자이너가 생산해내는 높은 품질의 헤어컷, 펌 등의 미용서비스라 할 수 있다. 이러한 비분리성의 특징 때문에 즉각적으로 생산되는 서비스는 반드시 품질이 좋아야만 고객을 만족 시킬 수 있고, 고객과 상호작용하면서 생산이 되므로 고객이 생산과정에서 반드시 참여해야하는 경우가 많다. 이러한 비분리성을 극복하기 위하여 많은 서비스 기업들이 다음과 같은 전략을 쓴다.

▨ 서비스 제공자의 철저한 선발과 교육

서비스를 생산해내는 서비스 제공자의 서비스 능력이 곧 서비스 품질이 되기 때문에이들의 선발과 교육이 중요하다. 이런 이유로 기업에서는 채용 후에도 정기적인 교육 함께 내부마케팅에 많은 기업의 자원을 투입한다.

사진 출처: 한국경제, 복직하는 승무원 재교육, 2018.03.19. 지면 B5

사진: 치과의료서비스 서비스 사용자 관리

▨ 서비스 사용자의 관리

비분리성은 서비스 사용자의 관리도 굉장히 중요한데 여기서 서비스 사용자란 고객들을 의미한다. 가령 의료나 법률 등의 전문서비스의 경우 전문지식이 부족할 경우 서비스특성상 고객들의 이용하는데 어려움이 있을 수 있다. 이에 따라 서비스를 이용하는데 필요한 정보들을 사전에 숙지할 수 있도록 고객들을 교육함으로써 서비스품질 수준을 높일 수 있다. 예를 들면 치과병원진료의 경우 그날 받을 진료와 주의 사항에 대하여 사전에 미리 공지함으로써 치료와 관련한 고객들의 불안감을 조금이나마 해소할 수 있고 리스크로 작용할 수 있는 다양한 문제들을 사전에 예방할 수 있다. 결국 이러한 것들은 서비스품질 수준에도 영향을 미치기 때문에 많은 서비스 기업에서 서비스사용자를 전략적으로 관리하는 것도 중요하다.

3) 이질성

셋째, 서비스는 '품질이 일정하지 않다'

대부분의 서비스는 고객과 상호작용하면서 이루어지는 경우가 많으므로 그 과정에서 예상치 못한 상황적 요소들이 많다. 같은 서비스 기업이라도 서비스제공자에 따라 그리고 고객의 기대, 개인적인 특성이나 소비동기에 따라 고객이 느끼는 서비스품질이 달라 질 수 있기 때문에 그 품질이 항상 일정하지 않다라는 것이다. 예를 들어 성형외과에서 성형수술을 한다고 가정했을 때 같은 의사에게 수술을 받았더라도 개인의 기대와 본인이 가진 신체적 특성에 따라서 그 결과는 달라 질 수 있을 것이다. 뿐만 아니라 같은 의사라 할지라도 수술 시기나 의사 개인 역량에 따라서 그 결과물이 달라 질수 있다. 반면, 제품의 경우는 제조공장에서 똑같이 만들어 내기 때문에 불량을 제외하고는 거의 대부분의 제품이 품질이 일정하다고 할 수 있다.

많은 서비스 기업에서 이러한 이질성을 극복하기 위하여 다음과 같은 전략을 쓴다.

▨ 서비스 표준화 전략

서비스는 고객과 서비스제공자의 상호작용에서 발생한다. 그 상호작용 품질이 상황에 따라 달라지겠지만 서비스표준화 전략으로 이질성을 조금이나마 극복할 수 있다. 예를 들면 고객 불만이 발생할 수 있는 상황에 대한 응대매뉴얼을 개발을 하여 대처함으로써 이질성의 갭을 줄일 수 있다. 스타벅스의 경우 음료로 인한 컴플레인 제기 시 즉각적으로 음료를 교체해주도록 매뉴얼화 하고있다. 서비스는 상호작용하는 상황에서 발생하므로 표준화가 어려운게 사실이지만 이러한 표준화된 매뉴얼화 전략으로 그 갭을 조금이나마 줄일 수 있다.

▨ 개별화 전략

개별화 전략이라는 것은 고객별로 획일화된 서비스를 제공하는 것에서 벗어나 각 고객의 특성에 맞게 맞춤화된 서비스를 제공하는 것을 말한다. 서비스 기업들은 개별화 전략으로 고객의 특성과 다양한 고객의 욕구에 부응할 수 있는 개별화 전략을 사용할 수 있다.

4) 소멸성

넷째, '판매되지 않는 서비스는 사라진다'

인천 → 뉴욕
**항공의 비어있는 좌석은 판매되지 않으면 그 날짜의 그 좌석은 사라져 버린다.

제품의 경우 판매지지 않은 제품은 재고로 보관이 가능하고, 후에 세일 등을 통해 다시 판매 될 수 있지만 서비스의 경우 그렇게 할 수 없다. 서비스의 경우 그 시점에 판매가 되지 않으면 사라지기 때문이다. 예를 들어 호텔서비스의 경우 그 날짜에 판매되지 않은 객실은 재고로 보관하여 다시 판매될 수 없고 항공서비스의 경우도 마찬가지이다.

많은 호텔과 항공사들이 좌석 및 객실의 수요와 공급의 조절을 통해 성수기에는 값비싼 요금을 책정하고 비수기에는 좀 더 저렴한 비용을 책정하는 이유도 여기에 있다. 서비스 기업이 소멸성을 극복하기 위한 전략은 다음과 같다.

수요와 공급 간의 조절

서비스 기업의 성수기, 비성수기 각기 다른 요금 책정과 각종 서비스업체의 예약제도 등이 수요와 공급 간의 조절 전략으로 사용된다.

성수기 임시 직원의 채용

겨울 한시적으로 오픈하는 스키장의 경우, 성수기에 직원의 반 이상을 임시직원으로 대체한다. 또한 대형마트의 경우 명절 때 임시직원을 늘려 행사상품을 제작을 하기도 한다.

▨ **유휴 시설이나 장비에 이용방안에 대한 고안**

겨울 스포츠를 즐길 수 있는 스키리조트경우 겨울에는 스키장으로 여름철엔 골프코스나 캠핑장 등으로 유휴시설을 사용하기도 한다.

유휴시설 활용사례 – 서천군 장항문화예술창작공간 '복합문화공간'으로 활용

충남 서천군 장항문화예술창작 공간의 경우 일제강점기 물자를 수탈하여 보관하던 미곡창고로 사용되었던 공간이었다.

이 공간은 농촌 지역 빈집과 유휴시설 활성화를 위한 일환으로 2012년 서천군이 매입하여 리모델링을 실시하였고, 현재는 각종 공연과 전시, 체험, 교육 등 시민을 위한 다양한 문화공간으로 활용되어 도심 활성화에도 크게 기여하고 있다. 장항문화예술창작 공간은 옛 모습 그대로 잘 보존되어 2014년 문화재 591호(서천 구 장항미곡창고)로 지정되기도 하였다.

이 공간은 농림축산식품부 주관 농촌 농촌지역 빈집 및 유휴시설 활용사례 공모전에서 우수상을 수상하기도 하였다.

서천군 관계자(김춘선 도시건축과장)는 "창작공간은 무분별하게 방치된 빈집과 유휴시설을 잘 활용한 사례"라며 "향후 건축예정인 장항의 집과 화물역 리모델링 사업과 연계한 문화예술 네트워크를 구축할 예정"이라고 말했다.

출처 : 굿모닝충청, 이종현, 2018.10.25. 저자 일부 수정 인용

5 서비스 특성에 따른 문제점과 대응전략

서비스는 제품과 달리 무형성, 비분리성, 이질성, 소멸성 등의 특성 때문에 특허로 내기 힘들고 진열하거나 대규모 생산, 품질통제, 재고보관이 힘든 문제점을 가지고 있다. 이러한 문제점에 따라 그 대응 전략 또한 달라진다. 다음은 서비스의 특성에 따른 문제점과 대응 전략이다.

서비스의 특성	문제점	전략
무형성	• 특허로 내기 힘들고 보호가 어렵다. • 진열의 어려움과 설명이 곤란하다.	• 물리적 단서를 활용하라. • 기업의 이미지관리와 온오프라인 구전(Word Of Mouth)을 관리하라.
비분리성	• 고객참여를 통해 서비스가 제공된다. • 대량생산이 어렵다.	• 서비스 제공자의 선발과 교육을 철저히 하라. • 고객관리를 통해 서비스 리스크를 줄여라.
이질성	• 서비스 품질통제가 어렵다.	• 개별화된 고객전략을 고려하라. • 표준화된 서비스매뉴얼을 개발하라.
소멸성	• 재고보관이 불가하다	• 성수기, 비수기를 명확하게 구분하여 수요와 공급을 고려하라.

6 고객만족서비스

1) 고객의 의미

▨ **고객의 정의**

고객의 정의는 실무와 학계에서 다양하게 정의된다. 일반적으로 고객서비스 실무에서는 다음과 같이 정의된다.

고객을 한자로 풀어쓰면 돌아볼 고 '顧', 손님 객'客' 기업입장에서 다시 돌아왔으면 하는 손님으로 온/오프라인 매장 등에서 제품을 구입하거나 서비스를 받는 사람으로 정의할 수 있다.

▨ 내부고객

내부고객은 기업내부와 관련된 고객으로 생산, 제조, 판매 등 서비스제공에 기여하는 기업 내 모든 직원의 범주를 포함한다.

▨ 외부고객

기업의 제품과 서비스를 소비하는 최종소비자를 말하며, 서비스를 이용하는 최종고객으로 동반고객까지 포함된다.

2) 고객만족(Customer satisfaction) CS의 의미

▨ 고객만족(Customer satisfaction)

고객만족이란 기업에서 제공하는 서비스 경험 후 고객이 느끼는 전반적인 만족상태로 정의할 수 있다. 1990년대 말에서 2000년대 우리나라는 고객만족경영이 기업경영의 화두로 주목받았다. 고객을 만족시키는 것이야 말로 기업경영의 동력이자 수익을 창출할 수 있는 열쇠로 인식되었다. 그러기 위해서는 고객의 기대에 부흥하는 서비스를 제공하고 이들을 만족시키기 위해 노력하는 것이 고객만족경영에 핵심이슈였다. 여기서 고객은 마땅히 대접받아야 할 존재이며, 기업의 성과에 기여하는 중요한 기업의 자산이다.

서비스 기업에서 CS(Customer satisfaction)란 고객만족을 위한 기업의 경영활동으로 고객만족을 위한 서비스 제공자의 교육, 고객을 위한 서비스 전략 및 마케팅 등의 활동을 일컫는다. 많은 서비스 기업에서는 CS부서를 따로 두어 관리할 만큼 CS는 기업의 중요한 서비스전략이다.

오늘날 기업은 고객과 상호작용하는 기업의 모든 접점을 관리하고, 고객의 서비스 여정에 모든 단계에서 긍정적인 고객경험을 창출하여 고객을 만족 시키는 것이 중요한 시대이다.

All about
고객서비스 실무

함께 생각해 보기

1. 조별로 서비스 기업을 선정하여 그 기업의 역사와 주요 이슈를 시대별 상황과 함께 정리하고 토론해 보자.

2. 서비스 기업을 선정하여 서비스의 4가지 특징들을 보완할 수 있는 전략들을 토론해 보자.

3. 내가 생각하는 서비스란? 무엇인지 정의해 보자.

All about
고객서비스 실무

All about
고객서비스 실무

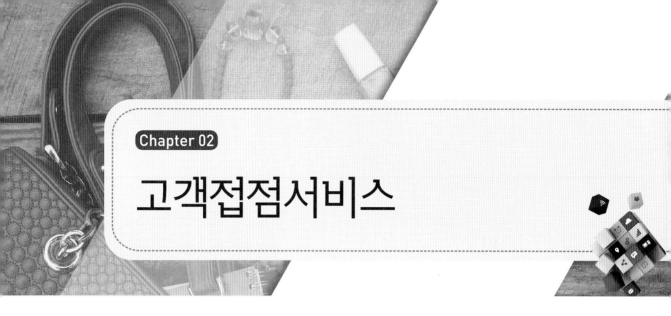

고객접점서비스

1 고객접점서비스 MOT(Moments Of Truth)의 개념

일반적으로 진실의 순간(Moments Of Truth)은 기업의 서비스 실무나 마케팅에서 광범위하게 사용된 용어이다. 진실의 순간(Moments Of Truth)은 고객이 기업의 자원과 접하는 모든 순간순간을 의미하며, 지극히 짧은 15초의 순간이지만 그 기업의 서비스품질을 판단하는 기준이 되는 순간을 말한다.

진실의 순간(Moments Of Truth)은 스페인 투우에서 유래를 하였다. 투우사가 관중들을 위해

30   All about 고객서비스 실무

소와 대결을 하면서 결정적인 순간에 소의 급소(정수리)를 공격하는 결정적 순간을 의미한다. 투우사에게는 그 순간이 피하려 해도 피할 수 없는 순간이며, 정확하게 소의 급소부분을 공격해야지만 투우사의 목숨을 장담할 수 있는 매우 중요한 순간이라 할 수 있다. 서비스에서는 고객과의 상호작용이 이루어지는 굉장히 중요한 순간이며, 그 순간의 서비스가 잘못되면 서비스품질 저하로 이어지기 때문에 서비스 기업 입장에서는 매우 중요한 고객관리 포인트라 할 수 있다.

진실의 순간은 스웨덴의 마케팅학자이자 서비스마케팅 컨설턴트 리차드 노먼(Richard Normann)에 의해 이론적 개념으로 제안되었고, 스칸디나비아 항공의 CEO 얀칼슨(Jan Carlson)에 의해 처음 실무에 적용되었다. 고객접점 MOT의 개념은 유럽의 스웨덴, 덴마크, 노르웨이의 3개국의 민간과 정부가 공동으로 운영하던 스칸디나비아항공사의 CEO 얀 칼슨이 MOT개념을 도입해 당시 어려웠던 스칸디나비아 항공사를 적자경영에서 흑자경영으로 전환시킨 후 하버드비즈니스 스쿨(Harvard Business School)에서 사례연구가 되면서 전 세계 많은 기업의 서비스전략으로 각광받은 개념이다.

스칸디나비아 항공사 CEO 얀 칼슨이 회장으로 취임하던 그 당시 전 세계는 석유파동으로 산업전반에 걸쳐 많은 어려움을 겪고 있었다. 스칸디나비아항공사도 예외가 아니었는데, 17년간 연속해서 흑자경영을 하던 스칸디나비아 항공사도 저 시기에는 2000만 달러의 적자가 누적이 되고 있는 상황이었다. 이러한 상황에서 얀 칼슨은 스칸디나비아 항공사의 CEO로 취임하여 고객과 접하는 15초의 짧은 순간에 스칸디나비아항공사의 이미지를 결정한다는 것을 주장하였다. 고객과 접하는 15초의 짧은 결정적인 순간이 사업의 성공과 실패의 핵심임을 역설하며 MOT관리를 통해 당시 어려웠던 스칸디나비아항공사를 불과 1년 만에 적자에서 흑자로 전환시켰다. 이후 많은 서비스 기업들은 고객서비스에서 진실의 순간(Moments Of Truth)의 개념을 적극적으로 도입하여 접점서비스품질을 높이고 기업의 고객만족경영의 중요한 개념으로 활용하고 있다.

2 고객접점서비스의 중요성

1) 곱셈의 법칙이 적용

고객이 100번의 서비스를 받는다고 가정했을 때 99번 좋은 서비스를 제공받다가 단 1번이라도 그 서비스가 나쁘면 전반적인 서비스 점수가 99점이 아닌 0점이 되어버린다는 것이다. 따라서 기업은 서비스 전 과정에 걸쳐 MOT를 관리할 수 있어야한다.

2) 서비스 품질에 대한 고객이 인상을 받게 되는 매우 중요한 순간

15초의 짧은 순간이지만 고객이 기업에 대한 결정적인 느낌을 받는 순간으로 그 짧은 순간에 기업 전반적인 이미지를 결정해버리는 매우 중요한 순간이다. 따라서 서비스 기업들은 15초의 짧은 순간에 회사의 인적, 물적 모든 자원을 동원하여 관리할 수 있어야한다.

3) 무한경쟁시대 결정적 차별화 포인트 확보를 위해서 MOT관리가 중요하다.

최근 서비스 기업의 서비스품질수준은 상향평준화되었다고 해도 과언이 아니다. 거의 대 다수의 기업이 고차원의 서비스를 제공하고 있고, 서비스 품질에 대한 고객의 기대 또한 예전에 비해 굉장히 높아졌다. 이러한 상황에서 많은 기업들이 제공하는 서비스 품질 수준 또한 상향평준화 되었는데, 경쟁사와의 차별화 포인트 확보를 위해서 우리 기업만의 MOT관리가 너무나 중요해졌다. 또한 최근 SNS의 발달로 말미암아 기술접점을 포함한 고객의 전체 여정에서 독특하고 차별화된 MOT경험을 제공하는 것이 중요하다.

3 고객접점 사이클(service cycle)

고객접점은 기업의 다양한 인적, 물적 자원과 접촉할 때 발생하게 되는데 다음과 같은 상황에서 발생할 수 있다.

- 고객이 그 기업의 광고를 볼 때
- 고객이 그 기업의 간판을 볼 때
- 고객이 그 기업의 모바일 앱이나 웹사이트를 이용할 때
- 고객이 주차시설을 이용할 때
- 고객이 기업의 DM을 우편으로 받을 때 등

이 일련의 과정들을 항공서비스 MOT를 적용하여 도식화해서 그려보면 다음과 같다.

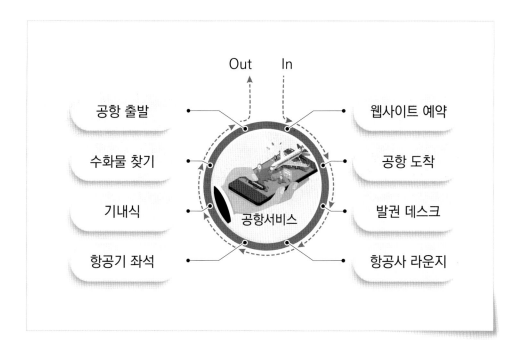

4 고객접점(MOT)의 요소

1) 하드웨어(Hardware)

고객이 서비스 기업과 상호작용하는 물리적 시설 및 공간을 의미

예 매장 내 인테리어, 주차 공간, 물리적 시설 및 설비, 주변 환경 등

2) 소프트웨어(Software)

서비스가 흘러가는 과정 및 절차를 의미

예 기업의 서비스 정책, 내부시스템, 업무처리절차, 예약시스템 등

3) 휴먼웨어(Humanware)

서비스 제공자의 고객지향성, 배려, 친절 등의 인적서비스를 의미

예 서비스제공자 용모와 복장, 이미지, 서비스마인드, 서비스 매너 등

이러한 3가지 MOT요소들이 조화를 이루어 최상서비스가 제공될 때 고객이 인지하는 서비스품질 수준은 높아질 것 이다. 따라서 서비스 기업들은 고객접점의 3요소 모두를 관리해야한다.

5 고객접점(MOT)의 유형

1) 원격 접점(Remote encounter)

서비스 기업의 직원의 접촉 없이 키오스크, ATM, 고속버스 발권기, 항공사의 체크인 키오스크 등을 통해 서비스 기업과 접촉하는 것에 해당된다.

예 항공사체크인 키오스크, 패스트푸드 무인주문기기, 모바일을 통한 주문 등

2) 기술매개접점(Technology-mediated encounter)

전화와 같은 커뮤니케이션 수단을 통해 고객과 접촉하는 접점을 말한다.

예 전화예약 및 상담, 통신사와 보험사 등의 콜센터 등

3) 대면 접점(face to face encounter)

고객과 직접적인 상호작용을 통해 발생하는 접점으로 직접고객과 대면하기 때문에 대인접점이라고도 한다.

예 호텔의 프론트데스크, 영업사원의 전문상담, 커피전문점의 직원 주문, 항공사 승무원의 기내서비스 등

6 서비스 기업의 고객접점 설계 과정

1단계 - 고객 관점에서 우리 기업의 접점 찾기

고객접점을 설계하기 위해서는 먼저 우리 기업에 고객이 처음 접하는 순간부터 끝까지의 서비스의 전 과정을 고객입장에서 생각해보는 것이 중요하다. 고객입장에 서서 걸어보다 보면 서비스제공자의 입장에서 생각하지 못한 부분의 접점을 발견할 수도 있고, 고객의 입장에서 느껴지는 여러 가지 서비스 문제점들을 발견할 수 있다.

2단계 - 우리 기업의 접점 유니트를 발견하고 설계하기

고객입장에서 서비스 전 과정을 살펴보고 전체적인 접점 유니트(고객접점 단위)를 찾는다. 고객접점 단위를 찾아서 각 단위별로 어떤 특성이 있는지를 분석하고 각 유니트(고객접점 단위)를 정의한다.

3단계 - 우리 기업의 고객점점 사이클 그려보기

고객접점 유니트(고객접점 단위)를 찾아서 서비스 전 과정으로 도식화하여 나열해본다.

4단계 - 우리 기업의 고객접점 시나리오 찾고 분석, 평가하기

고객접점 유니트(고객접점 단위) 별로 분류하고, 각각의 유니트에서 발생되는 고객접 점 시나리오를 분석해본다. 시나리오를 분석하여 고객접점 챠트를 만들어 현재 서비 스를 평가한다.

5단계 - 우리 기업의 고객접점 시나리오 만들기

현재 시나리오를 기준으로 개선점을 마련하여 새로운 고객접점 시나리오 챠트를 만들고 매뉴얼화 한다.

6단계 - 새로운 고객접점 매뉴얼을 공유하고 실무에 적용하기

새로 만들어진 고객접점 시나리오를 한번 더 점검하고, 새로운 표준안대로 행동할 수 있도록 직원들과 공유한다.

고객접점 시나리오 예시

고객 접점	현재 시나리오	세부 접점	새로운 시나리오
전화 응대	네, 무한상사입니다.	맞이	※ 전화벨이 3번 울리기 전에 받기 멘트: 안녕하십니까? 　　　고객서비스 지원팀 ○○○입니다. 　　　무엇을 도와드릴까요? 고객님
		응대	※ 늦게 받았을 경우, 추가 멘트를 하여 양해구하기 추가멘트 예시: 늦게 받아서 죄송합니다. 　　　　　　　고객의 민원에 공감적 경청하기 　　　　　　　공감멘트하기 예 네, 그러시죠?.. 많이 불편하시죠?... 종료 멘트: 더 궁금한 사항은 없으신지요? 　　　　　네, 감사합니다. 　　　　　좋은 하루되십시오.
		마무리	※ 고객이 먼저 끊은 후 전화기 내려놓기

7 서비스 기업의 고객접점 평가

서비스 기업의 접점을 설계하고 평가하기 위해서는 서비스모니터링이 선행되어야 한다. 서비스모니터링을 통해 기업의 접점을 분류하고 평가하여 서비스 품질을 높일 수 있다.

1) 서비스모니터링

서비스모니터링이란 서비스모니터 요원이 현장방문 및 전화 모니터를 통해 서비스 접점에 이루어지고 있는 서비스의 적절성을 평가하는 기업의 활동이다. 서비스모니터링을 통해 기업의 현재 서비스 수준을 점검 및 평가할 수 있을 뿐만 아니라 미래 서비스를 설계할 수 있다.

2) 서비스모니터링의 목적

- 현재 우리기업의 서비스 현황을 점검, 분석, 평가
- 고객접점서비스 품질향상
- 고객만족도 파악
- 타 경쟁사와 비교해 차별화 포인트 확보

3) 서비스모니터링을 통한 기대효과

- 고객만족도를 높일 수 있다.
- 현재 서비스수준을 파악할 수 있다.
- 모니터링 결과를 통해 내부고객에 대한 적절한 보상과 교육을 할 수 있다.
- 니터링을 통해 우리 기업의 주 고객을 분석 할 수 있으며, 고객집단에 따라 서비스 전략을 차별화할 수 있다.

4) 서비스모니터링 방법

▨ 방문모니터링

서비스모니터 요원(미스터리 쇼퍼)이 직접 기업을 방문하여 서비스접점에서 현재 서비스수

준(물리적 환경, 서비스프로세스, 인적요소)을 평가하는 방법이다. 방문요원은 전문모니터링 요원, 고객
모니터링 평가단, 사내직원을 통한 모니터링 등이 있다.

> ※ 미스터리 쇼퍼(Mystery Shopper)
>   고객으로 가장해 기업의 서비스 수준을 평가하는 역할.

▨ 전화모니터링

서비스모니터요원이 직접 전화를 걸어 첫 전화응대에서 마무리단계까지 서비스직
원의 적절한 업무처리, 음성, 통화예절 등의 전문성과 친절성, 문제해결능력 등을 평가
하는 방법이다.

▨ 자체적 평가

- 고객만족도 설문조사
- 온오프라인 고객의 소리(Voice of Customer)

5) 서비스모니터링 전체 프로세스

- 1단계: 모니터링 계획
- 2단계: 현장방문 및 전화 모니터링 시행
- 3단계: 서비스모니터링 결과 보고서 작성
- 4단계: 서비스모니터링 결과 보고, 공유, 토의 및 피드백
- 5단계: 서비스모니터링 결과를 통한 교육 및 보상
- 6단계: 서비스모니터링 결과를 통한 접점서비스품질 수준 향상

8 서비스품질의 측정

1) 서브퀄(SERVQUAL)모델

서비스품질이란 기업이 제공해준 서비스에 대한 고객의 주관적 평가라 할 수 있다. 유형적 성격의 제품과 달리 무형성을 띠는 서비스는 객관적인 척도로 측정할 수 없다. 따라서 서비스 품질은 서비스를 경험한 후 고객이 느끼는 고객인식으로 측정할 수 있다.

서비스학자 Zeithaml, Berry and Parasuraman(1988)은 신뢰성, 응답성, 확신성, 공감성, 유형성 등의 고객의 인식의 측정을 통해 구성된 5차원 서브퀄(SERVQUAL)모델을 개발하였다.

초기 그들의 연구에서 포커스 그룹인터뷰를 통해 유형성, 신뢰성, 응답성, 능력, 예절, 신용도, 안정성, 접근가능성, 커뮤니케이션, 고객의 이해 등 서비스품질을 측정할 수 있는 10개의 기준을 제시하였다. 이후 후속 연구를 통해 능력, 예절, 신용도, 안정성 등의 중복되는 항목은 확신성으로 통합하고 접근가능성, 커뮤니케이션, 고객의 이해 등은 공감성으로 통합하여 결과적으로 5차원으로 구성된 서브퀄(SERVQUAL) 모형으로 수정하여 제시하였다. 구제적인 서브퀄(SERVQUAL)차원은 다음과 같다.

- 신뢰성(Reliability): 약속한 서비스를 정확히 수행해 내는 능력
- 응답성(Responsiveness): 고객의 요청에 즉시 서비스를 제공하는 능력과 의지
- 확신성(Assurance): 직원의 공손함, 지식 등 고객에게 믿음과 확신을 심어주는 능력
- 공감성(Empathy): 고객에 대한 이해와 개별적 관심
- 유형성(Tangibles): 물리적 시설에 대한 외형, 장비, 인력, 의사소통도구

Tangibles
(유형성)

· 최신 장비 및 시설
· 종업원의 용모와 복장
· 다른 고객
· 분위기

Empathy
(공감성)

· 고객에 대한 개별적 관심
· 고객 이해
· 고객 이익 중시
· 원활한 커뮤니케이션

서브퀄 차원
(SERVQUAL)

Reliability
(신뢰성)

· 철저한 서비스
· 정확한 서비스
· 약속 시간 엄수

Assurance
(확신성)

· 직원의 능력
· 서비스 믿음과 안전성
· 정중한 태도

Responsiveness
(공감성)

· 즉각적인 서비스
· 신속한 서비스
· 적시적 서비스

Source: PZB(1988)

All about
고객서비스 실무

1. 서비스 기업 한 곳을 선정하여 MOT를 찾고, 서비스 사이클을 그려보자.

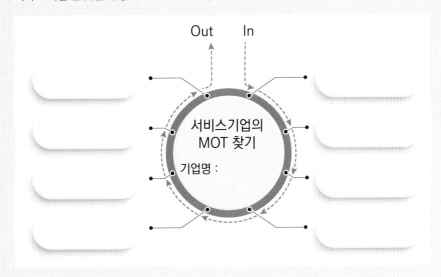

2. 위의 도식화한 MOT 중 한곳을 선정하여 고객응대 시나리오를 작성해보자.

고객접점	현재 시나리오	새로운 시나리오	
		세부접점	새로운 고객 응대 매뉴얼

3. 위의 선정한 MOT의 서비스 품질을 높일 수 있는 전략 3가지를 제시해보자.

All about
고객서비스 실무

Chapter

03

서비스 실패와
서비스 회복

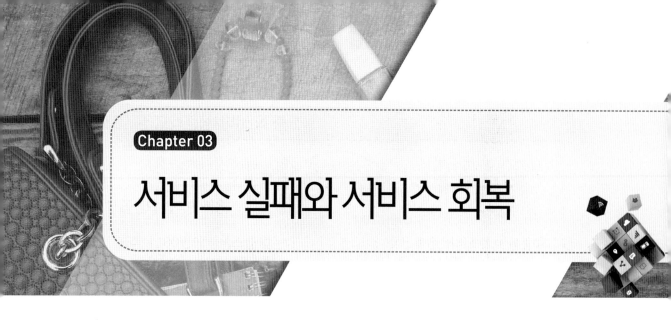

Chapter 03

서비스 실패와 서비스 회복

1 서비스 실패(Service Failure)

서비스 실패(Service Failure)란 고객이 서비스를 구매하여 소비 할 때 그 서비스가 고객에게 성과나 유용성을 제시하지 못할 때 이를 서비스가 실패한 상황이라 할 수 있다. 즉, 고객은 기대에 못 미치는 서비스를 제공 받았을 때 서비스 실패를 경험 한다. 기업에서 제공된 서비스가 실패할 경우, 고객은 불만족할 것이며 제기된 불만에 대해 침묵 또는 항의하거나 부정적 구전을 퍼트리는 등의 행동을 취할 수 있다. 따라서 기업은 서비스 실패에 따른 적절한 회복 전략을 통해 고객의 서비스 실패 상황을 극복하고 불만족한 고객을 다시 만족할 수 있도록 하는 것이 중요하다. 이 과정을 서비스 회복(Service Recovery)이라하며 서비스 실패 상황에 따른 기업이 고객에게 취할 수 있는 적절한 행동이라 할 수 있다.

2 불만고객의 의미

1) 불만고객

불만고객은 서비스를 제공받은 후 서비스가 고객의 기대에 못 미쳐 기업에 불만을 제기하는 고객으로, 불만이 잘 해결이 되면 오히려 기업에 충성고객이 될 수 있는 고객집단이다.

미국의 와튼 스쿨 불만고객 연구보고서에 따르면 기업에서 제공하는 서비스를 경험한 후 고객의 기대에 못 미쳐 불만이 발생했을 때 직접항의 하는 소비자는 6%, 부정적 입소문으로 불만을 퍼뜨리는 소비자는 31%, 기업에 불만을 겪었지만 불만을 제기하지고 않고, 부정적 구전을 하지도 않은 소비자는 63%라고 한다.

이 보고서에서 알 수 있는 것은 첫째, 기업에 불만을 제기하는 소비자는 극소수에 불과하다는 것, 둘째, 대 다수의 소비자가 불만을 겪더라도 불만을 토로하기 않고 침묵한다는 것, 셋째, 직접항의 하지도 않고 침묵하도 않은 31%의 고객집단이 부정적 구전을 통해 적어도 5명 이상의 사람에게 영향을 준다는 것이다. 이러한 부정적 구전은 최근 소셜미디어의 발달로 말미암아 실시간으로 공유되고 전달이 되면서 그 파급력은 상당하다.

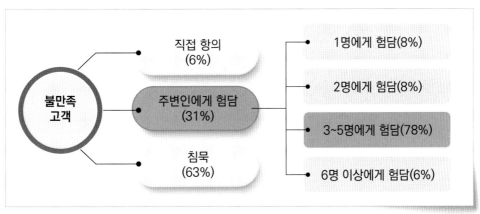

출처: 와튼 스쿨 불만고객보고서, 2006

그런데 실제로 불만을 제기하는 소비자들 중 그 불만이 제대로 해결이 되면 54~70%가 다시 거래를 하며, 이들의 재 거래율이 90%이상 증가한다고 한다. 이는 불만을 제기하는 소비자들의 불만 잘만 해결되면 이들은 오히려 기업의 충성고객이 될 수 있다는 것이다. 불만 고객은 불만이 제대로 해결되면 불만이 없는 고객보다 충성도가 높아지고 더 많은 추천을 제공한다. 따라서 기업의 입장에서는 불만고객을 특별히 관리하고 그들의 불만에 대해 경청하고 해결책을 약속하는 것이 정말 중요하다고 할 수 있다.

불만고객이 제기하는 불만은 컴플레인과 클레임의 두 가지 종류로 구분할 수 있다.

2) 컴플레인

컴플레인은 고객의 주관적 입장에서 제기할 수 있는 고객 불만으로 제공된 서비스가 고객기대에 못 미쳐 발생할 수 있다. 예를 들어 서비스제공자의 말투나 친절도에 대한 불만, 레스토랑에서 제공된 음식 맛에 대한 불만 등 주로 고객의 주관적 평가로 제기되는 즉시 사과하고 해결할 수 있는 것들이 많다.

3) 클레임

클레임은 고객의 객관적 입장에서 제기할 수 있는 고객 불만으로 제공된 서비스가 불량이거나 기업의 매뉴얼과는 다르게 제공되었을 때 나타날 수 있는 고객 불만이다. 예를 들어 의류를 구입했는데 원단이 불량인 상황, 배달음식에서 이물질이 나온 상황, 새 제품의 지퍼가 고장난 상황 등 주로 고객의 객관적 평가로 제기되는 불만으로 즉시 사과해서 해결할 수 없는 것들이 많다. 따라서 고객의 클레임 제기 시 정중히 사과하고 적절하게 보상하고 정확한 해결책을 제시해 주어야한다.

> ※ 블랙컨슈머(Black Consumer)
> 블랙컨슈머란 '검은'을 뜻하는 블랙(black)과 '소비자'의 컨슈머(Consumer)가 합쳐져 생신 용어로 금전적 보상을 의도로 기업에 악성민원을 제기하는 소비자를 뜻한다.

악의적인 의도로 기업에 접근하기 때문에 많은 서비스 기업에서는 고객의 범주에 넣어 관리하기 보다는 별도로 구분하여 관리한다. 기업의 불만 고객은 불만이 잘 해결이 되면 충성고객이 되어 다시 돌아오지만 블랙컨슈머는 처음부터 기업의 악의적인 목적으로 접근하기 때문에 법적 제재가 필요한 경우가 많다.

3 불만고객발생 원인

불만고객이 발생원인은 다양하게 나타난다. 서비스 기업 측면에서 문제일 수도 있고, 고객측면의 문제일 수도 있다.

1) 서비스 기업측면의 원인

- 직원의 불친절하고 무례한 태도
- 사무적인 말투와 딱딱한 고객응대
- 서비스제공자의 전문성 부족과 업무처리 미숙
- 고객 기대에 못 미치는 서비스
- 지연되는 서비스
- 책임전가
- 약속된 서비스의 불이행
- 규정핑계

2) 고객측면의 원인

- 해당서비스에 대한 전문지식 부족

- 서비스 제공 당시 고객의 심리 상태
- 서비스에 대한 지나친 기대
- 고객의 오해
- 고객의 부주의

4 서비스 회복(Service Recovery) 전략

1) 서비스 회복 공정성(Service Recovery Fairness)

기업에서 서비스 실패를 공정하게 처리하려고 하는가?

일반적으로 고객 불만이 발생할 때 기업은 서비스 회복을 위해 다양한 노력을 하게 된다. 서비스 회복 공정성이란 서비스 회복 시 절차(과정) 공정성, 상호작용 공정성, 결과 공정성으로 구분할 수 있다. 서비스 기업은 절차, 상호작용, 결과를 공정하게 함으로써 고객에게 신뢰를 회복하고 서비스 수준을 다시 향상시킬 수 있다. 서비스 회복 공정성이 가지는 의미는 다음과 같다.

- 절차(과정) 공정성은 서비스 회복 시 그 방법이나 절차가 공정했는가를 의미한다.
- 상호작용 공정성은 기업과 고객 간의 커뮤니케이션에 관련한 것으로 직원과 인간적 인 상호소통이 있었는가를 의미한다.
- 결과 공정성은 서비스 회복 결과가 고객이 만족할 만한 수준이가를 의미하며, 서비스 실패 대비 더 많은 보상이 이루어질 경우 결과 공정성 수준은 높아질 수 있다.

따라서 기업은 서비스 회복(Service Recovery) 시 절차, 상호작용, 결과 등의 3가지 공정성 수준을 고려한 서비스 회복 전략이 필요하다.

5 불만고객응대 프로세스

1) 불만고객응대 6단계 프로세스

경청 → 공감 → 사과 → 해결책 제시 → 신속한 처리 → 거듭 사과

1단계: 경청

- 고객 불만발생시 고객의 불만을 끝까지 들어주는 것이 중요하다.
- 경청 시 고객 불만에 대한 원인을 파악한다.
- 서비스 제공자는 가능한 자신의 말을 줄이고 고객의 불만에 적극적으로 공감하며 들어준다.

2단계: 공감

- 고객의 불만을 경청하고 불만에 대해 공감하는 것이 필요하다.
- '예, 그러시군요', '정말 불편하셨을 것 같습니다', 저라도 그렇게 생각했을 것 같습니다' 등의 공감어를 적절하게 사용한다.
- 고객 불만내용에 대한 서비스제공자의 진심어린 표정도 중요하다.

3단계: 사과

- 고객이 제기한 불만에 대해 기업을 대표해서 진정성 있는 사과를 한다.

4단계: 해결책 제시

- 적절한 해결책을 제시한다.
- 당장 해결할 수 없는 문제라면 적절한 대안을 제시한다.

- 무엇보다 고객에 제기한 불만에 대해 서비스제공자의 책임지는 자세가 중요하다.

▨ 5단계: 신속한 처리

- 고객 불만 발생 상황에서 서비스 제공자는 가능한 신속히 불만을 처리하는 것이 중요하다.
- 고객 불만처리에 신속히 대응하지 못할 경우, 불만서비스 지연에 대한 고객의 또 다른 불만이 발생할 수 있다. 따라서 불만처리는 가능한 신속히 처리하는 것이 원칙이다.
- 간혹 처리시간이 지연될 경우 고객에게 사전에 공지하여 불필요한 오해가 없도록 한다.

▨ 6단계: 거듭 사과

- 불만서비스가 모두 처리가 되었다면 고객에게 처리가 종료되었음을 알리고, 불만 상황 발생에 대해 거듭해서 사과한다.
- 불만 상황이 다시 발생되지 않도록 약속한다.

마지막으로 불만사례를 조직 내부에 공유하여 재발되지 않도록 하여야한다.

또한 불만을 경험한 고객이 재방문할 경우 특별히 더 신경 써서 응대하고 우리 기업에 충성고객이 될 수 있도록 기업측면에서 노력한다.

2) 서비스 기업측면의 원인별 해결 방법

서비스 기업측면의 원인으로 불만이 발생했을 경우, 우선 불만사항에 대해 인정하고 사과를 한다. 서비스 기업의 명백한 실수로 인해 클레임이 발생한 상황이라면 필요할 경우 적절한 보상도 필요하다. 서비스제공자의 태도나 말투 때문에 불만이 발생한 경우라면 무엇보다 서비스제공자의 진정성 있는 사과가 중요하다. 고객의 불만사항에 대해 충분히 경청, 공감하고 책임감 있는 모습을 보여야한다.

3) 고객측면의 원인별 해결 방법

고객 측면의 원인으로 불만이 발생한 경우, 고객의 자존심을 존중하고 이해하는 마음이 필요하다. 필요할 경우 해당서비스에 대해 충분히 고객에게 설명하고 선례를 제시하는 것이 중요하다. 고객의 오해나 부주의로 불만이 발생하였다면 고객의 말을 충분히 경청하고 불필요한 오해가 없도록 비교적 상세하게 설명한다.

6 불만고객 응대 기법

1) 불만고객 응대 HEAT기법

▨ Hear them out(경청)

고객 불만 제기 시 서비스 제공자는 충분히 들어주는 것이 중요하다. 고객이 극도로 흥분한 상태에서 서비스제공자가 충분히 들어주는 것만으로도 고객의 감정이 누그러뜨릴 수 있다. 따라서 서비스제공자는 고객의 말을 주의 깊게 듣고 경청하는 것이 중요하다.

▨ Empathize(공감)

고객의 불만을 경청하고 불만사항에 대해 충분히 공감하여야 한다.
'고객님의 심정을 충분히 이해할 것 같습니다', '정말 불편하셨을 것 같습니다' 등 공감적 응대와 진정성 있는 표현 또한 중요하다.

▨ Apologize(사과)

고객 불만에 대해 정중하게 사과하고 진정성 있는 모습을 보인다.

불만이 모두 처리가 된 후에는 거듭 사과하여 신뢰를 회복한다.

Take responsibility(해결약속)

고객 불만사항에 대해 책임감 있는 모습을 보이고 해결할 것을 약속한다.
해결이 불가능한 불만사항이라면 적절한 대안을 제시한다.

2) 불만고객 응대 MTP기법

고객 불만이 발생했을 때 고객의 심리상태는 화가나있거나 극도로 흥분한 상태일 가능성이 높다. 따라서 불만상황에 다음 3가지를 변화시킬 경우 고객의 마음을 조금이나마 누그러뜨릴 수 있다.

Man(사람)

고객이 불만을 제기할 당시 서비스 응대자 보다 높은 직급으로 사람을 바꾼다.

보통 화가 날 경우 고객은 '사장 나오라 그래', '책임자가 누구야' 등으로 자신의 불만을 들어주기를 호소한다. 이럴 경우 직급이 낮은 사람이 응대했다면 직급이 높은 사람으로 바꾸어 응대하는 것이 좋으며, 불만사항을 해결할 수 있는 권한이 높은 직원이 응대하는 것이 효과적이다.

Time(시간)

불만을 제기하는 고객은 흥분 상태이거나 본인의 감정이 격해있는 상태이다.

이런 상태에서 바로 서비스제공자가 응대할

경우 고객의 화를 더 키울 수 있기 때문에 고객의 화를 진정시킬 수 있도록 일정 시간을 준다. 서비스제공자는 고객이 진정될 때까지 분위기를 살피고, 필요한 경우 물이나 차 등을 함께 준비하여 화난 고객의 마음이 가라앉을 때까지 기다려 준다.

Place(장소)

불만으로 고객이 흥분된 상태에서 불만을 제기하는 상황은 고객의 왕래가 빈번한 오픈된 서비스공간일 경우가 많다. 이럴 경우 불만을 제기하는 고객 역시 불만을 제기하면서도 창피함을 느낀다고 한다. 이와 동시에 같은 서비스 공간에 머무르는 다른 고객 역시 불편한
상황이 발생한다. 따라서 서비스 제공자는 별도의 공간을 마련하여 고객에게 안정감을 주고 진정시키는 것이 중요하다.

사례

승객 강제로 끌어내린 유나이티드 사태

유나이티드 항공은 오버부킹으로 승객을 강제로 끌어내려 큰 비난을 받았다.

미국 시카고에서 루이스빌로 가는 유나이티드 항공 UA3411편은 오버부킹으로 티켓이 매진된 상황이었다.

문제는 항공사 직원을 4명을 태우기 위해 동양인 승객을 끌어내린 상황에서 발생했다.

9일(현지시간) 미국 시카고 오헤어 공항의 유나이티드 항공 기내에서 강제로 끌려나가는 동양인 승객.

보딩 후 승객이 기내에 착석한 상태에서 800달러의 보상금액을 제시하고 좌석을 양보할 것을 제의했지만 모든 승객들이 이를 거부하였다.

이에 유나이티드 항공사는 무작위로 4명을 뽑아 내리게 했는데 그중 한명의 승객이 업무적인 이유로 자신은 내릴 수 없다고 사실상 내리기를 거부하였다.

유나이티드 항공은 공항보안관을 불러 승객을 강제로 내리게 했는데 이 과정에서 승객이 몸부림 치면서 강제로 질질 끌려 나가는 상황이 발생했다. 이 상황에서 해당승객은 코뼈와 이가 부러지는 등의 막대한 신체적 정신적 피해를 입었다.

유나이티드 항공 패러디 영상 [ABC 방송 캡처]

이 모든 과정이 항공기내에 있던 승객들에 의해 촬영이 되면서 SNS에 유포가 되었고 이 사건은 전 세계적으로 일파만파로 퍼지게 되었다.

이러한 과정에서 항공기는 출발이 2시간이나 지연이 되었으나 유나이티드 항공사는 아무런 해명이 없었고, SNS에서 이 문제가 일파만파로 퍼져나가자 CEO사과를 뒤늦게 사과를 하는 등 수습을 하는 듯 하였다.

하지만 이미 해당영상을 본 많은 사람들은 유나이티드 항공을 거세게 비난하였고 SNS에는 관련 상황을 풍자하는 영상까지 올라오는 등 사태는 진전될 기미가 보이지 않았다.

여론의 악화로 유나이티드 항공의 주가는 하락했고, 강제로 내려진 승객이 베트남 의사라는게 알려지면서 인종차별의 논란까지 제기되었다.

해당 사건의 피해자는 베트남인으로 켄터키주 엘리자베스타운에서 병원을 운영하는 데이비드 다오 (69) 박사로 확인됐다.

루이빌 NBC방송은 다오 박사와의 통화 후 "유나이티드항공 탑승객 강제퇴거 사태를 겪은 당사자가 현재 시카고 병원에 입원 중이며, 모든 것이 상처받은 상태"라고 보도했다.

추후 유나이티드 항공측과 다오 박사는 원만히 합의를 이루었으나, 그 당시 유나이티드 항공사의 잘못된 대응은 전세계인으로 부터 많은 비난 받았다.

출처: 중앙일보, 이기준, 2017.04.12., 저자 일부 수정 인용

1. 서비스 기업에서 경험한 최악의 불만 사례를 적어보자.

_____

_____

_____

_____

_____

_____

2. 위의 서비스 실패원인은 무엇인가?

_____

_____

_____

_____

_____

_____

3. 서비스제공자는 어떻게 처리해야 하는지 불만고객응대 기법을 적용하여 해결해보자.

_____

_____

_____

_____

_____

_____

All about
고객서비스 실무

All about
고객서비스 실무

Chapter

04

Chapter 04

DISC 고객유형별 응대

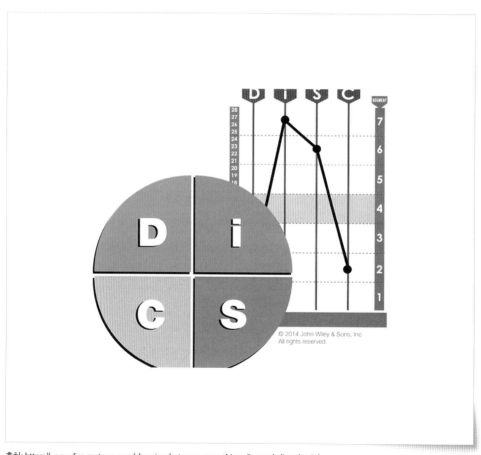

출처: https://www.disc-partners.com/choosing-between-everything-disc-and-disc-classic/

1 DISC의 개념

DISC란 인간이 환경에 대한 인식을 바탕으로 이론화하여 개발한 행동유형모델이다. 1928년 미국 콜롬비아 대학의 심리학과 교수인 윌리엄 마스톤(William M. Marston)에 의해 이론화 되었으며, 미국의 Carlson Learning사와 John Geier 연구팀과의 공동으로 개발된 퍼스널 프로파일 시스템(Personal Profile System) PPS진단을 통해 개인의 성향을 파악 할 수 있는 모델이다. 윌리엄 마스톤(William M. Marston)교수는 그의 저서 인간의 감정(Emotions of Normal People)에서 DISC이론을 소개하였다.

윌리엄 마스톤(Wwilliam M. Marston)교수에 따르면 인간은 각자 처한 환경적 배경이나 동기요인에 따라 일정한 방식으로 행동을 취하는데, 이는 일상생활에서 자연스러운 상태로 하나의 경향성을 이루어 반복적인 패턴으로 행동을 취하게 된다. 이를 행동패턴(Behavior Pattern) 또는 행동스타일(Behavior Style)이라 하는데, 이러한 반복적인 행동패턴과 인간의 기질을 바탕으로 4가지 이론적 모델로 설명한 것이 DISC모델이다.

William Moulton Marston Ph.D(1893-1947)
출처: https://discinsights.com/william-marston

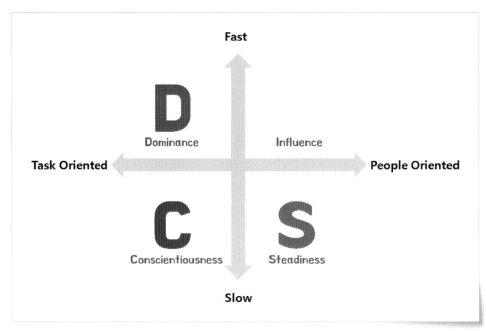

DISC 유형 별 행동 스타일

각각의 유형은 주도형(Dominance), 사교형(Influence), 안정형(Steadiness), 신중형(Conscientiousness) 등 4가지 행동유형으로 나누어지며 영어의 앞 자를 따서 D형, I형, S형, C형이라고도 한다. 사람은 누구나 다 이 4가지 유형이 믹스되어 개인의 행동성향이 나타나며, 경우에 따라서는 높은 강도의 D형, I형, S형, C형 유형으로 나타나기도 한다. DISC이론은 인간의 행동유형을 개념화한 모델이기 때문에 서비스접점에서 고객과 직원간의 커뮤니케이션, 직장 내 조직간 커뮤니케이션, 부모와 자식 간의 이해, 청소년 성장 프로파일, 세일즈커뮤니케이션 등 다양한 분야에서 활용되기도 한다.

DISC의 행동유형 분류 기준은 속도와 우선순위를 기준으로 행동스타일을 분류할 수 있다. 주도형(D)과 사교형(I)은 속도를 기준으로 행동과 판단이 빠르며, 안정형(S)과 신중형(C)은 행동과 판단이 느려 심사숙고하는 경향을 보인다. 또한 주도형(D)과 신중형(C)은 우선순위를 기준으로 업무 지향적, 그리고 사교형(I)과 안정형(S)은 사람 지향적으로 우선순위를 두는 패턴을 보인다. 업무 지향적인 성향은 조직 내 인간관계 보다는 일을 중심으로 생각하고 실행하는데 높은 가치를 부여한다. 반면, 사람지향적인 성향은 일보다는 사람간의 관계나 팀워크를 중시하며, 조직 내 항상 평화적으로 소통하기를 원하고 의사표현하는 경향을 보인다.

3 DISC 행동유형 별 일반적인 특징

D 주도형(Dominance)	I 사교형(Influence)
• 목표 지향적 • 무엇(what)에 초점 • 리더십 • 지시적, 직설적 • 도전/통제력에 의해 동기부여 • 목표를 위한 여정에서 타인 감정배제 • 결과를 성취를 위해 위기를 극복하고 스스로 환경 조성	• 사람 지향적 • 누구(who)에 초점 • 사교적, 낙천적, 긍정적 • 사회적 인정과 칭찬에 의해 동기부여 • 압력(물리적/심리적/시간적 등)하에 일 처리 못함. • 타인을 설득하고 영향을 미쳐 스스로 환경조성
S 안정형(Steadiness)	C 신중형(Conscientiousness)
• 팀 지향적 또는 가족 지향적 • 어떻게(how)에 초점 • 순종적, 안정적, 협력적 • 안정적인 환경을 유지하기 위해 동기 부여 • 안정적인 환경에서 정해진 방식대로행동 • 갈등상황에서 자신을 지나치게 양보	• 과업 지향적 • 왜(why)에 초점 • 논리적, 체계적, 구체적 • 정확성과 양질을 요구하는 것에 동기부여 • 업무의 정확성과 양질의 품질이 중요 하며 현재 환경 내에서 신중히 일처리 • 세부사항에 주의를 기울이며 분석적 • 완벽주의적인 성향 때문에 자신과 타 인에 대한 기대가 높고 비판적

DISC 행동유형 별 커뮤니케이션 스타일과 고객응대 화법

1) 주도형(D형)

- 말할 때: 핵심사항을 직설적으로 말함, 억양의 변화가 적고 직설적 화법사용, 일방적, 명령적, 지시적
- 말을 들을 때: 결과를 중심으로 들음.
- 표정: 무표정, 다소 차가운 표정

주도형과 소통하는 법

- 직접적으로 요점을 우선으로 소통한다.
- 과정 보다는 결과를 먼저 제시하고 부연 설명한다.
- 대화의 주도권과 결정권한은 항상 주도형이 갖도록 한다.

효과적인 고객응대 화법

- 지금 바로 알아보겠습니다.
- 네, 바로 확인해 드리겠습니다.
- 그것의 핵심사항은 OOO입니다.
- 결론은 OOOO입니다.

2) 사교형(I형)

- 말할 때: 자신에 대해 자세하게 감정적으로 말함, 감정적 표현이 많고 억양의 변화도 다양함. 열정적. 언변이 좋다.
- 말을 들을 때: 감정을 중심으로 경청, 적극적 경청, 맞장구
- 표정: 밝고 따뜻함, 생동감, 표정이 다양함

사교형과 소통하는 법

- 친근하게 먼저 다가간다(공감, 친근한 호칭 등이 효과적)
- 일상적인 스몰토크(날씨, 근황, 개인적인 칭찬 등)로 친밀감 을 형성한다.
- 대화 상황에서 가능한 사교형이 말을 많이 하도록 경청해준다.
- 중요한 정보는 말보다는 글로 전달한다.

효과적인 고객응대 화법

- 그러시죠... 많이 속상하시죠.
- 제가 그 상황이었어도 그랬을 것 같습니다.
- 제가 써보니 정말 좋더라구요.
- 어머! 어떻게 그렇게 잘 알고계세요?
- 어머! 대단하세요..

3) 안정형(S형)

- 말할 때: 메시지가 정확하진 않으나 타인에 대해 무엇인가 도우려함, 천천히 느긋하게 말함
- 말을 들을 때: 타인의 얘기를 잘 들어줌, 공감적 경청
- 표정: 따뜻하고 온화한 표정, 편안함

안정형과 소통하는 법

- 충분히 시간을 두고 신뢰감이 있는 환경을 조성한다.
- 빠른 패턴의 대화 보다는 인내심을 가지고 느긋이 대화한다.
- 결과 보다는 과정에 대해 우선 설명한다.
- 결정해야할 상황에서 충분히 시간을 주고 재촉하지 않는다.
- 되도록 갈등상황은 피한다.
- 예의바르게 대화한다.

맞는 말씀입니다. 그러실 수 있죠

충분히 생각해보시고 말씀 주십시오.

무슨 말씀이신지 이해가 됩니다.

4) 신중형(C형)

- 말할 때: 간접적으로 돌려서 말함, 말투가 딱딱하고 간결함. 구체적이고 논리적.
- 말을 들을 때: 분석적으로 경청함. 사실을 중심으로 경청.
- 표정: 무표정, 다소 차가운 표정

안정형과 소통하는 법

- 일관성 있게 예의바른 태도로 대화한다.
- 명확한 사실에 근거하여 대화한다.
- 구체적이고 논리적인 이유를 제시한다.
- 미루어 짐작하여 대화하거나 간접적인 표현은 자제한다.
- 과정에 대해서 상세히 설명한다.
- 지나친 사적 관심은 배제한다.
- 마찰의 상황에서 정확한 설명과 대안을 제시한다.
- 결정해야할 상황에서 충분히 시간을 주고 재촉하지 않는다.

효과적인 고객응대 화법

- 다시 한번 정확히 체크해보겠습니다.
- 확한 지적입니다.
- 이 자료(신문, 전문적인 자료 등)를 보시면.. 이러한 근거가있습니다.
- 그 것에 대한 정확한 원인을 찾아보겠습니다.
- 그 부분에 대해서는 제가 책임지고 알아봐드리겠습니다.

4 DISC 유형별 스트레스 상황과 해소법

D 주도형(D)	**I** 사교형(I)
• 스트레스 상황: 주도권이 상실되거나 통제력이 없는 상황	• 스트레스 상황: 타인에게 거부당하거나 인정받지 못하는 상황

• 스트레스 해소: 운동, 댄스 등 같이 에너지를 열정적으로 소비하며 스트레스 해소	• 스트레스 해소: 많은 사람들과 어울리면서 소통하며 스트레스 해소
S 안정형(S)	**C** 신중형(C)
• 스트레스 상황: 갑작스런 환경변화로 현재의 안정적인 환경이 상실되는 상황	• 스트레스 상황: 완벽주의 성향 때문에 업무에 대해 타인의 비판을 받는 상황

• 스트레스 해소: 한 가지 일에 몰두하며 스트레스 해소, 독서, 음악듣기 등 에너지를 내면으로 소비하며 스트레스 해소	• 스트레스 해소: 독서, 음악듣기 등 에너지를 내면으로 소비하며 스트레스 해소

All about
고객서비스 실무

1. 내가 본 일상생활(가까운 지인, TV, 영화, 드라마, 예능 등)의 다양한 상황들을 생각하면서 지인 또는 주변 사람들의 행동패턴을 분석해서 DISC유형을 찾아보자.

----

2. 본인의 행동유형을 파악하고, 그 유형을 상징하는 상징물을 그리고 그 이유에 대해 설명해보자.

3. 내가 좋아하는 사람의 성향과 장점을 적어보자.

All about
고객서비스 실무

All about
고객서비스 실무

Chapter

05

서비스
커뮤니케이션

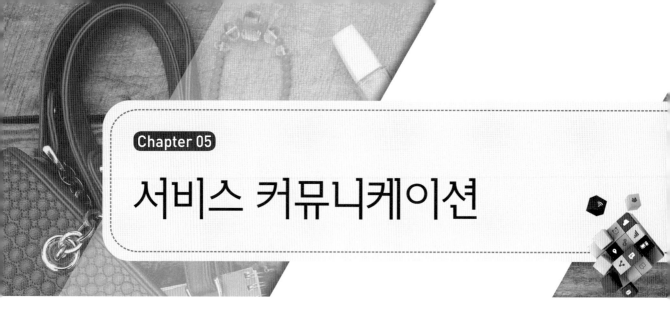

Chapter 05

서비스 커뮤니케이션

 1 커뮤니케이션(communication)의 의미

　사전적 의미로 커뮤니케이션이란 언어, 바디 랭귀지, 그림, 표정이나 몸짓 등의 수단을 통해 상대방과의 감정, 생각 등을 주고받는 일로 정의된다. 커뮤니케이션의 어원은 라틴어 'communis에서 유래하였으며 '공유' 또는 '나누다'라는 의미를 가진다.

　서비스 상황에서 커뮤니케이션은 서비스제공자와 고객이 상호작용하면서 소통하는 것으로 커뮤니케이션 과정에서 정중함과 친절함 그리고 진정성이 고객에게 전해져야 한다.

일반적으로 커뮤니케이션은 언어적 요소와 비언어적 요소로 이루어진다.

언어적 요소는 말하는 내용의 의미자체를 말하며 일반적 대화, 구두, 메모, 지시, 명령 등이 포함되며 비언어적 요소는 언어외적 요소로 제스쳐, 이미지, 표정, 목소리 등이 포함된다.

2 커뮤니케이션의 구성요소

일반적으로 커뮤니케이션은 송신자, 수신자, 메시지, 코드화 등 다음과 같은 구성요소로 이루어진다.

구성요소	의미
송신자(Sender)	자신의 생각이나 의사를 언어나 기호 등을 통해 전달하려는 사람을 말한다.
수신자(Receiver)	수신자는 송신자의 메시지를 받는 사람을 말한다.
메시지	송신자가 전달하려는 말의 의미 자체를 말한다.
코드화	코드화는 송신자가 전달하려는 메시지의 변환 과정으로 언어, 기호, 바디 랭귀지 등 다양한 형태로 변환할 수 있다.
해독	송신자가 전달하려는 메시지를 수신자는 자신의 감정, 사전지식, 생각 등을 토대로 해석하는 사고과정을 말한다. 해독은 수신자의 생각이나 사전지식 정도 그리고 경험, 가치관, 일반적인 정서에 따라 다양하게 영향을 받는다.
채널	채널은 송신자와 수신자가 상호 소통할 때 메시지를 전달하는 경로를 말하며, 직접대면, 이메일, 전화, TV, 모바일 등 다양한 채널을 통해 메시지를 전달할 수 있다.
잡음	잡음은 커뮤니케이션에서 메시지를 전달할 때 메시지를 왜곡할 수 있는 모든 요인들을 말한다. 잡음은 말 그대로의 물리적 잡음(큰소리, 소란스러움 등의 소음)도 있지만 가치관의 차이, 편견 등의 심리적, 정신적 잡음 등도 포함된다.

서비스 상황에서는 고객에 대한 배려, 간결함, 명확함, 정중함 등 4가지 서비스커뮤니케이션 요소를 고려하여 고객과 소통해야 한다.

1) 상대방에 대한 배려(Consideration)

고객과의 상호작용 과정에서 이루어지는 서비스커뮤니케이션은 상대방을 배려하는 마음으로 커뮤니케이션 해야 한다. 우리는 서비스 상황에서 다양한 고객들을 만난다. 그 고객들의 지식수준, 연령대, 문화적 배경 등 다양한 상황적 이슈가 있을 수 있다. 예를 들어 전문서비스(가전, 자동차, 의료 서비스 등)를 제공해야하는 상황에서 고객의 전문지식이 부족할 수도 있다. 또한 고객의 연령대가 유아고객에서 어르신 고객까지 다양한 연령대의 고객을 대면하는 상황이 발생할 수 있다. 뿐만 아니라 다양한 문화적 배경을 가진 고객들과 상호작용할 수도 있다. 따라서 서비스제공자는 이러한 다양한 상황들을 고려하여 고객들을 배려해야할 것이다.

2) 대화는 간결하게(Conciseness)

서비스커뮤니케이션은 간결하게 핵심사항을 전달해야 한다.

메시지를 핵심 없이 장황하게 설명하다보면 전달하려는 논지가 흐려질 수 있다. 따라서 전달하고자 하는 핵심사항을 미리 파악하여 간결하게 전달하는 것 또한 필요하다. 메시지를 전달할 때 결론(핵심사항)을 먼저 제시를 하고 부연설명을 추가로 하게 되면 메시지를 좀 더 간결하게 전달할 수 있다.

3) 의미전달은 명확하게 (Clarity)

고객과 면대면으로 상호작용하는 커뮤니케이션 상황에서 서비스제공자가 전달하고

자 하는 메시지를 명확하게 전달하는 것 또한 중요하다. 말끝을 흐리거나 서비스제공자의 발음이 부정확할 경우 전달하고자 하는 메시지의 뜻이 잘못 전달되거나 왜곡되어 상대방에게 불필요한 오해를 불러일으킬 수 있다. 따라서 서비스제공자는 명확한 발음과 음성으로 메시지를 정확하게 전달해야한다.

4) 태도는 정중하게 (Courtesy)

서비스커뮤니케이션 상황에서 서비스제공자는 정중하게 커뮤니케이션해야 한다. 고객의 연령대나 상황을 고려하여 비속어나 은어는 자제하고 정중한 언어로 고객을 대하는 것이 필요하다.

4 고객응대 화법

1) 호칭

고객과 소통하는 상황에서 올바른 호칭을 적절하게 사용하는 것도 중요하다.

▨ **고객응대 호칭**

고객응대 호칭		예시
공통 호칭	일반적으로 사용할 수 있는 호칭은 이름 뒤에 ~고객님	○○○고객님, ~ 고객님
	고객의 이름 뒤에 ~ '님'을 붙인다.	홍길동님
	30대 이상의 연장자에게 사용할 수 있는 공손한 호칭	~ 선생님

고객응대 호칭		예시
기타 고객 응대 호칭	연세가 많은 어른을 칭할 때	어르신
	기혼여성일 경우 부인의 존칭을 칭할 때	사모님
	고객의 직함을 알고 있을 때 호칭	사장님, 부장님 등의 직함

2) 신뢰화법

서비스 상황에서 고객과 소통할 때 신뢰감을 줄 수 있는 말은 말 끝 어미의 선택에 따라 달라질 수 있다. 일반적으로 '다까체'는 다소 형식적인 느낌으로 딱딱해 보일 수 있지만 적절한 사용 시 고객에게 정중함을 전달할 수 있고 신뢰감을 형성하는데 도움이 된다. 반면, '요조체'는 고객에게 친근하고 친밀한 느낌을 줄 수 있지만 과도한 사용 시엔 비전문적인 인상을 줄 수 있고 신뢰감을 떨어뜨릴 수 있다. 때문에 서비스상황에서 상대방에게 적절한 신뢰감을 주기위해서는 다까체과 요조체를 7:3의 비율로 사용하면 전반적인 대화의 느낌이 정중하면서도 부드러운 느낌을 줄 수 있다.

▨ 다까체

네, 그렇습니다.

제가 보여드리겠습니다.

▨ 요조체

잠시만요.

이쪽으로 오세요.

▨ 다음 요조체를 다까체로 바꾸어보자.

요조체 → 다까체
잠시만 기다려주세요. →
다시 한번 말씀해주세요. →
줄을 서주세요. →

3) 레어드 화법(의뢰형 화법)

상대방과의 대화 시 '~해', '~하세요' 등과 같은 명령조의 말을 들으면 기분이 상하기 마련이다. 고객과의 대화 시 명령조의 말이 아닌 ~해주시겠습니까? ~하시겠습니까? 등의 의뢰형(질문형식)으로 바꿔 말하게 되면 전반적인 대화의 내용이 부드러워진다.

레어드 화법은 심리학자 레어드에 의해 제안되었고, 의뢰형 화법이라고도 한다.

주문하세요 → 주문해 주시겠습니까?

4) 아론슨 화법

심리학자 아론슨에 의해 전해진 화법으로 상대방과 커뮤니케이션 할 때 부정적인 내용과 긍정적인 내용을 혼합에 사용해야 할 때 부정적 대화 내용으로 대화를 이어가다가 마무리를 긍정적 내용으로 하게 되면 전반적인 대화의 내용이 긍정적 느낌을 받게 된다는 화법이다.

이 제품 품질은 좋은데 가격이 좀 비싼 것 같아요 → 가격은 좀 비싸지만 품질은 정말 좋습니다.

5) YES BUT화법

고객과 대화 시 잘못된 정보에 대해서 '그건 아닙니다', '그건 잘 못되었습니다' 등의 부정적 말을 하면 고객과 대화를 끝까지 이어갈 수 없으며 듣는 상대방의 기분도 상할 수 있다. 따라서 yes, but을 사용하여 상대방의 말을 먼저 yes로 수긍하고 but을 사용하여 나의 의견을 제시하면 기분을 상하지 않게 하면서 긍정적으로 대화를 이끌 수 있다.

고객님의 말씀에도 일리가 있습니다만, 저의 의견은 ~~합니다.
그렇게 생각하실 수도 있으시겠지만, 사실은 ~~~합니다.

6) 쿠션화법

고객과 대화 시 정중하게 부탁을 하거나 양해를 구해야 할 때 상대방에게 불쾌감을 덜어주고 부드럽게 나의 의사를 전달할 수 있는 대화법이다. '죄송합니다만', '양해해 주신다면', '번거로우시겠지만' 등의 쿠션화법을 사용하면 보다 정중하게 대화를 이끌어 나갈 수 있다.

> 실례합니다만   죄송합니다만   양해해주신다면   번거로우시겠지만
> 바쁘시겠지만   괜찮으시다면   편하시겠지만

▨ **일상적인 상황을 설정하여 쿠션화법이 들어간 문장 3개를 만들어 보자.**

상황설정	( )하는 상황에서
쿠션화법	1. 2. 3.

7) Yes, 긍정형 화법

대화를 나눌 때 상대방의 말에 '예', 또는 '네'와 같은 긍정적인 한마디를 덧 붙혀 주면 훨씬 부드럽고 정중해 보일 수 있다. 따라서 긍정의 '예' 또는 '네'를 사용하여 보다 적극적인 친절함과 정중함을 표현해 보자.

> 네~ 맞습니다.   예~ 감사합니다.

기업의 '대고객 언어'가 달라진다

우리은행의 '고객중심, 이해하기 쉬운 은행용어 사용캠페인'

우리은행은 고객입장에서 고객에게 사용하는 언어 총 30개 용어를 개선할 예정이다.

기존의 어려운 전문적인 은행 용어를 고객 눈높이에 맞추어 이해하기 쉬운 단어들로 대체하여 고객과의 소통에 힘쓸 예정이다.

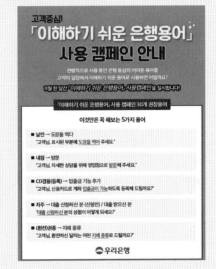

- 날인 → 도장을 찍다
- 내점 → 방문
- 차주 → 대출 신청하신 분/대출 받으신 분
- CD겸용(등록) → 입출금 기능 추가
- 대환 → 기존 대출 상환
- 현찰 매도율 → 외환현찰 살 때 환율 등

우리은행 관계자는 "직원들의 제안을 받아 변화가 필요한 용어들을 선정했다"며 "보다 친숙한 용어를 사용해 고객들과 더 가까워지려는 노력의 일환"이라고 설명했다.

출처: © The PR, 박형재, 2019.11.20. 09:00(저자일부발췌수정인용)

All about
고객서비스 실무

1. 말과 관련된 우리나라 속담을 3가지 찾아보고 그 속담의 숨은 뜻을 해석해 보자.

2. 다음의 제시된 문장을 고객응대 화법을 적용하여 바꾸어 보자.

계산 안하셨어요?	→
여기서 흡연하지 마세요.	→
고객님, 줄서세요.	→
예약하셨어요?	→
내일 다시 오세요.	→
저희 제품이 서비스는 좋은데 좀 비싸긴 하죠.	→

All about
고객서비스 실무

All about
고객서비스 실무

Chapter

06

이미지와
이미지메이킹의
이해

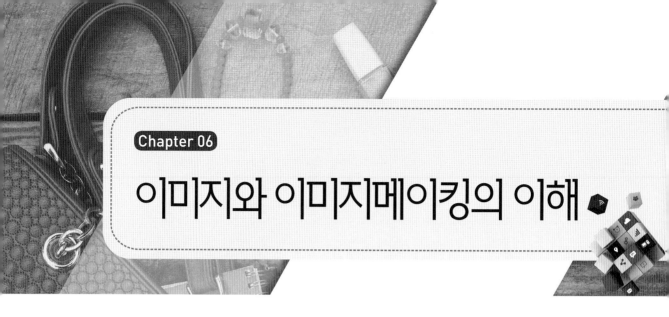

이미지와 이미지메이킹의 이해

1 21세기 경쟁력 '이미지'

현대사회를 살고 있는 우리는 상대의 풍기는 이미지만으로도 타인의 많은 것을 판단 한다. 얼굴생김새, 표정, 옷차림, 제스쳐, 말투, 걸음걸이 등 그 특유의 비주얼적 모습과 느낌으로 '이 사람은 이러한 사람일 것이다', 혹은 '이러한 직종에 종사할 것이다', '이러한 성격을 가졌을 것이다'등 실제 상대방의 성격, 직업등과 아무런 연관이 없음에도 불구하고 그 사람의 풍기는 이미지만으로 많은 것을 판단한다. 우리는 성장과정에서 부모님 혹은 선생님께 상대방의 겉모습만 보고 그 사람을 판단하지 말라 라는 말을 많이 들으며 자라왔다. 하지만 현대사회를 살고 있는 지금 우리는 의식적이든 무의식적이든 상대방의 이미지만으로 그 사람의 많은 것을 판단하려한다. 때문에 현대사회에서 이미지는 자신만의 경쟁력이며 그 영향력 또한 엄청나다고 할 수 있다.

21세기 개인의 능력을 평가하는 기준으로 다양한 지수(Quotient)들이 제시된다. 지능지수 IQ, 원만한 대인관계를 위한 감성지수 EQ, 도덕성지수 MQ, 열정지수 PQ, 디지털에 대한 이해도지수 DQ, 글로벌 지수인 GQ가 있다. 그런데 여기에 한 가지 더 추가하여 캐나다의 매스미디어 전문가 마샬맥루한(Marshall Mcluhan)교수가 주장한 VQ(Visual Quotient)시각적 감각능력지수 즉, 비주얼지수가 있다. VQ란 시각적으로 받아들인 정보를 필요할 때 적시적소에 꺼내어 활용할 수 있는 개인의 능력 정도를 나타내는 척도이다.

마샬 맥루한(Marshall Mcluhan)교수에 의하면 개개인의 머리속에 저장된 정보를 분석해보면 귀로 들은 정보 보다 눈으로 보며 시각적으로 기억된 정보가 580배 더 많다고 주장하였다. 이는 눈으로 저장된 시각적 정보가 얼마나 더 오래남고 중요한지를 알려주는 연구결과라 할 수 있겠다.

인간관계에서 타인에게 보여지는 시각적인 이미지는 현대사회에서 너무 중요한 인간의 능력이 된 시대이다.

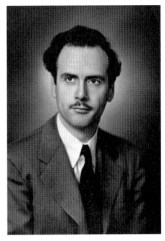

Herbert Marshall McLuhan (1911-1980)
이미지 출처: Wikipedia. org

실제 대인과의 만남에서 상대방이 어떤 사람인지 알기 전까지는 첫인상이나 외모가 신뢰형성에 결정적으로 작용하는 것이 사실이다.자신의 시각적인 이미지는 상대방으로 하여금 백 마디 말보다 오히려 더 많은 정보를 제공하게 된다. 21세기를 살아가고 있는 지금 자신이 가진 긍정적 이미지가 인간의 능력을 평가하는 기준이자 하나의 경쟁력임에는 틀림이 없는 세상인 것이다.

2 이미지의 정의

1) 이미지의 정의

이미지란 라틴어 '이마고'(imago) 모습이나 형상에서 유래했으며 사람의 마음속에 그려지는 '사람' 혹은 '사물'에 대한 구체적이고 감각적인 상을 뜻한다.

이미지는 '이 사람이다' 라고 생각했을 때 머릿속에 즉각적으로 떠오르는 모양, 생김새, 말투, 제스쳐, 걸음걸이, 목소리, 자세, 헤어스타일, 용모, 표정, 이 모든 총체적인 인상을 일컫는다. 한 개인에 대한 이미지는 그 사람에 대한 독특하고 고유한 그 사람만의 느낌을 얘기한다. 예를 들면 가수 '성시경이다'라고 했을 때 흔히 사람들은 부드럽다, 감미롭다, 지적이다, 로맨틱하다, 논리적이다 등 이러한 단어들을 연상케 하는데 이것이 이 사람이 가진 이미지인 것이다. 기업의 경우에도 그 기업이 가지는 특유의 브랜드이미지, 제품의 이미지를 가지고 있으며 유명연예인, 정치인, 기업인들 또한 그들만의 고유한 이미지를 가지고 있다.

바쁜 현대사회에서는 표면적으로 드러나는 이미지만으로 상대방의 많은 것이 평가되므로 그 영향력은 엄청나다. 이는 현대사회에서의 개인의 이미지 하나하나가 큰 경쟁력이라 할 수 있으며, 서비스 기업의 경우 서비스를 제공하는 서비스인의 이미지 하나하나가 곧 서비스 상품이 되기도 한다.

따라서 그 기업을 대표하는 서비스인의 이미지가 곧 그 기업의 이미지이자 서비스 상품인 것이다. 서비스인의 이미지가 곧 그 기업의 이미지라는 인식 때문에 최근 많은 서비스 기업에서 신입사원을 대상으로 품격 있는 용모와 복장 그리고 세련된 매너를 갖추어 고객서비스 현장에 투입되도록 많은 노력을 하고 있다.

▨ **이미지 비교: 가수 성시경과 아이유**

성시경의 이미지 VS 아이유의 이미지	
지적이다. 로맨틱하다. 감미롭다 따뜻하다. 침착하다. 논리적이다. 부드럽다.	상큼하다. 깜직하다. 착하다. 귀엽다. 따뜻하다. 온화하다.

2) 내적이미지와 외적이미지

이미지란 겉으로 드러나는 외적이미지와 내면에 감춰져 눈으로 볼 수 없는 내적이미지로 나눠진다. 외적이미지란 표면적으로 보여지는 용모와 복장, 표정 등 외면적으로 우리가 직접적으로 볼 수 있는 이미지 즉, 어피어런스(appearance)라고 한다. 내적이미지란 개인의 내면깊이 잠재되어 있는 의식이나 정서로 마인드, 가치관, 지식수준 등이 이에 속한다.

우리가 추구해야 할 가장 이상적인 자신의 이미지는 내적이미지와 외적이미지가 조화를 이루어 드러날 때 최상의 이미지로 나타나게 된다고 할 수 있다. 그러기 위해서는 내면과 외면을 함께 가꾸는 이미지메이킹 훈련이 필요하다.

3 이미지메이킹의 개념

이미지메이킹이란 자신의 이미지를 상대방 또는 일반인에게 각인시키는 일, 자신에게 가장 바람직하게 구상된 개념 혹은 설정된 목표에 닮아지려는 과정이라 정의 할 수 있다(국립국어원 신어, 2004).

흔히 이미지메이킹이라고 하면 유명연예인, 정치인 등을 많이 생각하게 되는데 우리나라에서 이미지메이킹의 역사는 그리 오래되진 않았다. 처음에는 광고 분야에 먼저 시작이 되었으며, 인물 이미지메이킹의 시작은 1987년 12월 대선 때 본격적으로 활용이 되었다. 그 당시 대통령선거에서 노태우대통령이 정치인으로 전문적이고 신뢰감 있는 정치 지도자의 이미지로 메이킹하면서 대선에 당선이 되었고, 그 후 인물 이미지메이킹에 대한 사례로 관심을 받으면서 인물 이미지메이킹에 대한 관심도 증가하였다. 최근에는 취업을 준비하는 취준생, CEO, 고객응대 직종의 영업사원, 기업 신입사원들, 일반 직장인, 학생, 주부들도 자신에게 맞는 최상의 긍정적 이미지를 찾기 위해 이미지메이킹에 많은 관심을 보이고 있다.

이미지메이킹은 자신이 가진 현재의 이미지를 분석하고 진단하여 나에게 어울리는 최상의 이미지를 찾아가는 과정이라 할 수 있으며, 자신의 장점은 부각하고 단점은 보완하여 직업과 개개인의 개성에 맞는 올바른 방법으로 자신을 다듬는 과정이라 할 수 있다. 또한 더 나아가서는 인간관계능력을 향상시키며 삶의 질을 높이기위한 자아실현과 긍정적인 자기변화의 과정이라 할 수 있다.

4 이미지메이킹에 대한 오해와 진실

많은 사람들이 이미지메이킹이라고 하면 겉모습만 화려하게 치장하는 위장술 혹은 포장술이라고 오해를 한다. 우리가 지금까지 많은 인간관계에서 알 수 있듯 겉모습만 화려하다고 해서 그 사람의 '이미지가 좋다' 라고는 판단할 수 없다. 짧게는 몇 분, 길게는 몇 시간만 얘기를 해봐도 대충 이 사람은 이러한 사람일 것이다라고 파악이 되기 때문이다. 그렇기 때문에 바람직한 이미지메이킹이란 겉모습만 그럴듯하게 포장하는 포장술이 아니라 바람직한 내면의 변화로 이루어지는 외면의 변화라 할 수 있겠다. 그러기 위해서 내적 이미지메이킹 마인드, 태도, 가치관, 삶의 자세, 커뮤니케이션 능력, 기본적인 매너 등을 향상 할 수 있도록 노력하여야 하며, 외적 이미지메이킹을 위해서 깔끔한 용모와 복장, 첫인상 관리, 표정, 등도 함께 관리하여 밝고 긍정적인 이미지가 될 수 있도록 노력해야 할 것이다.

5 이미지메이킹의 중요성

1) 현대사회는 시각적인 이미지(Visual image)를 잘 활용하는 것이 타인에게 설득력 있는 메시지를 전달할 줄 아는 사람으로 인식된다.

2) 21세기를 살아가고 있는 지금 첫인상만으로 많은 것이 판가름 나기 때문에 자신만의 이미지를 소구(appeal)하는 것이 중요해 졌다.

3) 호감을 주는 이미지는 인간관계에 도움이 된다.

4) 성공적인 이미지메이킹으로 자신감 및 자존감을 향상시킬 수 있다.

5) 자기계발의 한 방법으로 활용가능하다.

6 이미지와 관련한 여러 가지 효과들

1) 초두효과(Primary effect)

초두효과란 먼저 각인된 정보가 나중에 들어온 정보 보다 더 큰 영향을 미치는 것으로 나중의 들어온 정보의 영향력보다 처음 들어온 정보의 영향력이 더 큰 것을 의미한다.

심리학자 애쉬(Asch, 1946)는 처음 제시되는 정보가 나중에 제시되는 정보 보다 얼마나 큰 효력을 가지는 가를 알아보기 위하여 실험을 진행 하였다. 2개의 집단에 한 인물을 소개하는데 있어 아래의 단어들을 순서만 바꾸어 제시를 하였다. A집단은 똑똑하다 → 근면하다 →즉흥적이다 → 비판적이다 → 고집이세다 → 시기심이 많다 순으로 단어들을 제시하였고 B집단은 시기심이 많다 → 고집이세다 → 비판적이다 → 즉흥적이다 → 근면하다 → 성실하다 순으로 단어들을 제시하고, 두 개의 집단별로 소개된 인물을 어떻게 인식하는지를 측정하였다. 그 결과 A집단의 사람들은 소개된 인물에 대하여 똑똑, 근면, 즉흥적 등의 긍정적 인식을 보였지만 B집단의 경우 소개된 인물에 대하여 시기심이 많고, 고집이 세고 비판적 등의 부정적인 인식을 보였다. 동일한 단어임에도 불구하고 제시된 정보의 순서에 따라서 상반되는 결과를 보였다. 이는 처음 접한 상대방의 첫인상이 그 사람의 전체적인 이미지를 좌우하였다라고 할 수 있으며, 그만큼 첫인상이 얼마나 중요한 것 인지를 상징적으로 보여주는 실험이라 할 수 있다. 따라서 첫 만남에서 상대방에게 좋은 이미지를 심어주기 위해 세심한 부분까지도 많은 노력을 기울려야 하며 첫인상 관리에 특별히 더 신경을 써야 한다.

2) 후광효과(Halo effect)

후광효과는 그 사람의 상징적인 매력이 그 사람의 다른 부분의 평가에도 긍정적으로 영향을 미친다고 할 수 있다. 예를 들어 외적이미지가 뛰어나고 성격도 착한 사람이 있다고 가정했을 때 그 사람은 성격도 좋고 미모도 띄어나고 마음씨도 착하고 더 나아가서는 집안까지도 좋을 것이라고 생각하게 된다는 것이다. 반대로 인상이 별로 좋지 못한 사람이 있다고 가정했을 때는 그와 반대로 생각하게 된다는 것이다.

3) 맥락효과(Contextual effect)

먼저 제시된 정보가 나중에 들어온 정보 보다 타인의 인상형성에 강하게 작용하는 효과로서 타인에 대해 먼저 들어온 정보가 긍정적이라면 나중에 부정적인 정보가 들어오더라도 먼저 제시된 정보가 이미 긍정적 맥락을 형성하여 그 것을 판단하는데 있어 더 많은 영향은 미친다는 것이다. 처음 인지 또는 지각된 이미지는 나중에 들어오는 이미지의 판단기준이 되고, 이미지형성에 전반적인 맥락을 제공하게 되어 이미지에 결정적인 영향을 준다라는 효과이다.

4) 대비효과(Contrast effect)

자신과 비교했을 때 상대적으로 매력적인 상대와 있으면 그 사람과 비교되어 상대적으로 자신이 저평가되는 현상이다. 예를 들면 평범한 외모의 나와 연예인 같은 친구가 함께 길을 걷는 다고 생각해보자. 나의 외모가 평범한 수준임에도 불구하고 연예인 같은 친구와 비교해 나의 외모가 저평가되는 상황을 대비효과라 한다.

All about
고객서비스 실무

1. '나'라고 하면 떠오르는 나의 이미지를 표현해 보자.

'본인(나)'라고 하면 즉각적으로 떠오르는 이미지를 그림 또는 글로 표현해 보자.

2. '○○○' 이라고 하면 떠오르는 이미지를 표현해 보자.

'○○○' 이라고 하면 즉각적으로 떠오르는 이미지를 표현해 보자.				
친구 1	친구2	친구3	친구4	친구 5

3. 내가 생각하는 나의 이미지와 친구들이 생각하는 나의 이미지 키워드 중 공통되는 키워드를 나열해보자.

1위	
2위	
3위	

4. 위의 키워드들을 중심으로 '나'라는 사람은 어떤 이미지인지 '나'를 정의해보자.

5. 평소 내가 닮고 싶었던 사람이 있다면 그 사람이 누구인지 적어보고 이 사람을 왜 닮고 싶다고 생각했는지 적어보자.

All about
고객서비스 실무

All about
고객서비스 실무

Chapter

07

서비스인의
첫인상 관리

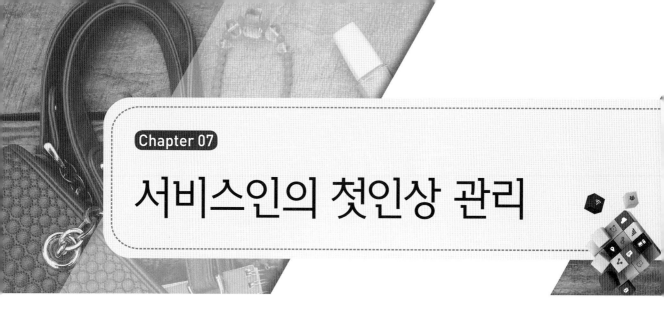

Chapter 07

서비스인의 첫인상 관리

사람이 나이 마흔이 되면 자기 얼굴에 책임을 져야한다.
-아브라함 링컨-

1 첫인상과 표정

　사람의 얼굴의 이미지에는 그 사람의 많은 것이 내포되어있다. 타인과의 첫 대면에서 가장 먼저 보게 되는 것이 사람의 얼굴인데, 얼굴에는 그 사람의 삶의 방식, 생각, 태도, 심리상태 등 무수히 많은 것이 내포되어있다. 이러한 사람의 얼굴이미지는 첫인상에서 결정적인 역할을 한다. 처음 느껴지는 얼굴이미지에 따라서 밝고 호감이 가는 호감형의 첫인상을 주기도 하고 어둡고 그늘진 비호감형의 첫인상을 주기도 한다.

　첫인상을 사전적 의미로 찾아보면 '사물이나 사람에게서 처음 느껴지는 인상'으로 정의되어있다. 첫 만남에서 상대방의 좋지 않은 인상은 비즈니스에도 안 좋은 영향을 줄 뿐만 아니라 한번 각인된 첫인상을 바꾸기 위해서 수십번의 만남이 이루어 져야한다는 것을 우리는 잘 알고 있다. 때문에 고객과의 만남 전에 자신의 첫인상을 관리하고 좋은 첫인상을 위해 자신을 다듬을 필요가 있다.

심리학자 알버트메라비안(Albert Mehrabian)교수가 제시한 메라비안의 법칙(The Laws of Mehrabian)에 의하면 커뮤니케이션 할 때 시각적인 요소가 55%, 청각적인 요소가 38%, 언어적 요소가 7%의 영향력을 미친다고 주장하였다. 이는 사람과의 대면에서 시각적인 요소와 청각적인 요소가 93%의 영향력을 미치며, 그중 시각적인 요소가 55%로 절반이상을 차지를 한다는 것이다. 이는 타인의 시선에서 보여지는 용모와 복장, 표정, 눈빛 자세 등 비주얼적 이미지가 타인과 커뮤니케이션 할 때 많은 영향력을 미치며, 시각적 이미지의 중요성을 나타내는 중요한 근거가 될 수 있다는 것을 의미한다.

타인과의 첫 만남에서 시각적 이미지 중 가장 눈에 들어오는 곳이 바로 상대방의 표정이다. 한 조사에 따르면 첫인상을 구성하는 얼굴이미지의 요소 중 표정과 얼굴인상(60.3%), 눈썹과 눈(19.5%), 얼굴전체 조화(14%), 피부(6.2%)로 나타나 표정과 얼굴인상이 60.3%로 첫인상에 가장 많은 영향을 미치는 것으로 나타났다.

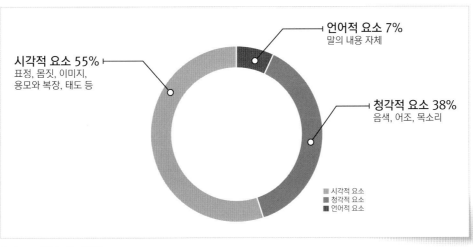

The Laws of Mehrabian(1971)

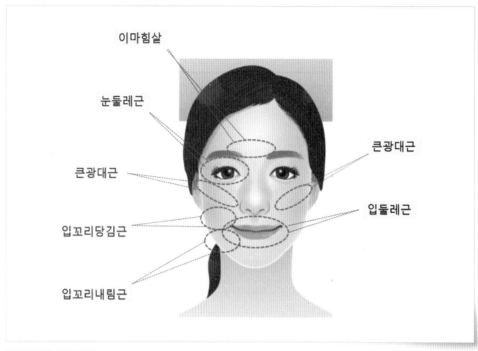

표정과 관련한 얼굴 근육들

　표정이란 사람이 말을 하고 생각을 할 때 자신의 마음속에 생각하는 것들이 겉으로
표출이 되는데 이것을 표정이라고 한다. 밝은 표정은 타인으로 하여금 긍정적인 이미
지를 심어주게 되며, 나의 편안한 표정은 상대방으로 하여금 안정감과 편안함을 준다.
뿐만 아니라 밝은 표정은 우리 얼굴의 근육들을 좋은 쪽으로 발달시켜 좋은 인상과 호
감형 인상으로 만들어준다.

　우리 얼굴에는 무수히 많은 근육들이 자리 잡고 있다. 인간의 얼굴에는 약 80개의
근육들이 7,000가지 이상의 표정을 지을 수 있다고 한다. 표정은 해부학적으로 안면
전체에 걸쳐진 근육의 움직임으로부터 나오는데 평소에 이러한 근육들을 어떻게 사용
하느냐에 따라서 어떤 사람들은 밝고 인자한 표정으로 나타나기도 하고, 또 어떤 사람
들은 어둡고 험상 궂은 인상으로 나타나게 된다.

일반적으로 표정에 관여하는 몇몇 근육들을 살펴보면, 미간을 찌푸렸을 때에 작용하는 이마 힘살근, 눈웃음을 짓게 하는 눈 둘레근, 밝은 표정을 지었을 때 광대를 올려주는 큰 광대근, 입꼬리 당김근, 입둘레근 우울한 표정을 지었을 때 나타나는 입꼬리 내림근 등이 있다. 평소 이러한 근육들을 어떻게 사용하느냐에 따라 얼굴에 무수히 많은 다양한 표정으로 드러나게 된다. 우리 얼굴근육들도 자주 사용하지 않으면 근육이 경직이 되고 노화가 더욱 빨리 진행된다고 한다. 이왕이면 이러한 근육들을 자주 사용하여 밝고 호감가는 이미지를 줄 수 있도록 노력하여야 하겠다.

2 표정의 중요성

1) 나의 첫인상을 좋게 한다.

온화하고 밝은 표정은 나의 이미지를 밝고 긍정적으로 보이도록 하고, 타인의 시선에서 좋은 첫인상으로 각인된다.

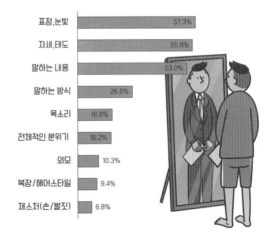

인사담당자가 꼽은 첫인상 결정요인
※ 인사담당자 351명 복수응답 결과(응답률 %), 자료제공: 잡코리아

항목	응답률
표정,눈빛	57.3%
자세,태도	55.8%
말하는 내용	53.0%
말하는 방식	26.5%
목소리	16.8%
전체적인 분위기	16.2%
외모	10.3%
복장/헤어스타일	9.4%
제스처(손/발짓)	6.8%

취업 준비의 시작 | JOBKOREA

2) 상대를 편하게 한다.

좋은 표정은 자기 자신의 마음의 안정에 영향을 줄 뿐만 아니라 상대방까지도 편하게 하여 원만한 인간관계에 도움을 준다.

자료: http://www.jobkorea.co.kr

3) 밝은 표정은 상대방으로 하여금 호감을 형성한다.

취업포털 잡코리아에 따르면 면접 시 인사담당자 95.7%가 지원자의 첫인상을 반영한다고 밝히고 있다. 인사담당자들이 평가한 첫인상 결정요인으로 표정과 눈빛이 차지하는 비율이 57.3%, 자세, 태도가 55.8%, 말하는 내용 53%순으로 나타나 취업면접에 있어서 첫인상과 표정이 중요함을 언급하였다. 밝고 좋은 표정은 상대에게 호감을 줄 뿐만 아니라 좋은 표정으로 형성되는 긍정적 이미지는 많은 사람들을 끌어들이며, 좋은 사람들과의 상호작용을 촉진한다.

4) 고객과의 관계에 도움이 된다.

좋은 표정은 타인에게 긍정적인 영향력을 미쳐 친밀감을 형성하고, 표정으로 풍기는 긍정적 신호는 비즈니스에서도 고객과의 관계에 도움이 된다.

5) 자신도 즐겁다.

즐거운 표정을 매일 지으면 우리 뇌는 '현재 나는 즐거운 상태구나'라로 긍정적 착각을 한다고 한다. 힘든 일이 있더라고 억지로라도 웃으면 뇌의 긍정적 착각으로 인해 실제 긍정적 정서가 형성된다고 한다. 따라서 밝고 좋은 표정을 매일매일 지으면 자신도 모르게 즐거운 정서가 형성되어 정신건강에도 도움이 된다.

3 첫인상을 개선할 수 있는 스마일트레이닝 방법

1) 얼굴근육풀기 5단계

▨ 1단계

입으로 소리 내어 아~에~이~오~우~ → 반복 3회

스마일트레이닝 실제로 인상개선에 효과가 있을까?

▨ 2단계

눈썹에 볼펜을 대고 눈썹을 볼펜 위로 한번, 아래로 한번 → 반복 3회
눈썹에 힘을 줬다가 뺏다가 한다. 5회 반복한다.

▨ 3단계

입안에 바람을 가득 넣어서 부풀린 후 손을 이용하여 조금씩 바람을 뺀다.
바람을 넣을 때 볼 부분이 팽팽하게 당기도록 최대한 많이 집어넣는다.
이 상태를 10초 유지한다.

오른쪽 볼 방향으로 바람 넣기 한번, 왼쪽 볼 방향으로 바람 넣기 한번, 윗 입술쪽에 바람 넣기 한번, 아랫입술 쪽 바람 넣기 한번 → 3회 반복 한다.

▨ 5단계

눈을 크게 뜨고 눈동자를 위, 아래, 오른쪽 ,왼쪽 한번 씩 회전한다.

2) 스마일 트레이닝

얼굴근육을 부드럽게 풀었다면 다음과 같이 트레이닝 해보자

'위스키~', '와이키키~', '개구리뒷다리~' 등의 미소를 지었을 때 입 꼬리가 올라가는 여러 단어들을 사용해서 반복 트레이닝 한다.

이때 주의해야 할 점은 미소를 지을 때 한쪽 입꼬리만 올라가지 않도록 주의 한다. 양쪽 입 꼬리가 동시에 올라가도록 신경 쓰며 거울을 보며 트레이닝 한다. 또한 미소를 지을 때는 눈과 입이 함께 웃는 스마일 라인을 만들어야 하며, 눈만 웃거나 입만 웃을 경우 자칫 잘못하면 비열한 웃음이 될 수 있으니 주의하자.

3) 좋은 표정 만들기 습관!!

- 항상 긍정적인 생각
- 아침, 저녁 거울을 보고 위스키~ 와이키키~ 등으로 3분 이상 반복한다.
   ※ 이때, 스마일 상태에서 1분 이상 유지하는 연습을 계속한다. 그래야 얼굴 근육들 이 기억을 한다.
- 힘든 상황 긍정적 마인드로 넘기기
- 항상 모든 것에 감사하다고 받아들이기
- 거울보고 습관적으로 트레이닝하기

4) 예쁜 미소 만드는 방법

- 거울 앞에서 매일 3분 이상 트레이닝한다.
- 스마일트레이닝을 지속적으로 하면서 미소를 지을 때 가장 예쁜 포인트를 찾는다. 가령, '나는 웃는 모습이 이쁘지 않아요' 라는 사람들이 있는데, 사람은 누구나 웃었을 때 가장 예쁜 포인트가 있다. 그 포인트는 지속적인 스마일트레이닝으로 본인이 발견해야 한다. 그러기 위해서는 매일매일 거울을 보고 찾도록 하자.
- 최고의 미소 포인트를 발견하여 계속 트레이닝 한다.
- 매사를 긍정적으로 생각한다.
- 미소를 지을 때 방해가 되는 외모 콤플렉스가 있다면 그 콤플렉스를 해결하는 방법 들도 고려한다.

무표정 VS 밝은 표정

사례

원광대학교 치과대학 동진근 교수팀 연구 '미소의 심미성'

원광대 치대 동진근 교수팀은 교정과 보철치료는 받은 경험이 있는 남녀 대학생 240명 대상으로 '미소의 심미성'에 대해 연구하였다.

연구결과에 따르면 매력적인 웃음의 조건으로 웃었을 때 입꼬리가 올라가거나 일직선 상태로 윗니가 12개 정도 보일 정도로 활짝 웃을 때 가장 아름다웠다. 매력적인 웃음을 짓는 여학생은 자신감이 넘치는 외향적 성격으로 집단 활동을 좋아하는 것으로 나타났다. 한편 남학생의 경우는 매력적인 웃음과는 큰 상관관계는 없었다.

또한 동진근 교수는 "거울 앞에서 작은 미소부터 큰 미소까지 단계별로 10초씩 표정을 짓고, 이러한 훈련을 매일 3분씩 한 달 이상하면 실제로 효과가 있다' 라고 언급하였다.

실제 '미소의 심미성'이 본 연구를 통해 증명된 것이다.

동진근 외(2001), 미소의 심미성, 치과임상, 21(3), 243-249

All about
고객서비스 실무

Chapter

08

퍼스널 컬러

퍼스널 컬러

1 퍼스널 컬러의 역사

Color Me Beautiful By Carole Jackson

퍼스널 컬러의 역사는 1810년 괴테의 '자연색체론'에서 처음 언급이 되었고, 우주 모든 현상을 자연 색채론의 기본현상과 빛과 어둠의 배경이 황색과 청색이 기본색임을 밝혀냈다. 그 후 1928년 독일의 색채학 교수인 요하네스이텐은 색채분석법에서 사람에 대한 색의 구성을 계절의 4가지 타입에 적용하였고, 학생들이 선호하는 색상이 그들의 피부색, 눈동자 색, 머리카락 색과 일치한다는 것을 발견하였다.

그 후 많은 연구들을 거쳐서 1980년대 캐롤 잭슨(Carole Jackson)이 'Color Me Beautiful'을 출간하면서 4계절 팔레트 이론을 개발하였다. 그에 따르면 차가운 색(Cool)인 여름과 겨울, 따뜻한 색(Warm)인 봄과 가을로 구분하였고, 따뜻하면서 부드러운 사람을 봄, 따뜻하면서 짙은 색을 띠고 있는 사람이 가을, 차가우면서 부드러운 색을 띠는 사람을 여름, 차가우면서 강한 색 띠는 유형을 겨울로 구분하였다.

2 퍼스널 컬러란?

퍼스널 컬로 이론에 의하면 사람은 태어나면서부터 부모에게서 물려받은 신체 고유의 색상이 있다. 이러한 고유의 색은 멜라닌색소(밤색), 카로틴(노란색), 헤모글로빈(붉은색)로 구성이 되며, 이 3가지의 색소가 합쳐져 신체고유의 색상으로 나타나게 된다. 이는 사람이라면 누구나 지닌 피부색, 눈동자 색, 머리카락색 등을 말하며 이러한 색들은 나에게 어울리는 컬러를 결정짓게 하는 중요한 단서들이 된다.

퍼스널 컬러는 신체의 온도감에 따라 예로우 베이스(yellow based)를 기본으로 한 웜톤의 봄과 가을, 블루베이스(blue based)를 기본으로 한 쿨톤의 여름과 겨울 등 4개의 시즌으로 나뉘게 되며 봄, 여름, 가을, 겨울 4시즌으로 구성된 이것을 퍼스널 컬러라고 한다. 이러한 개인에게 맞는 퍼스널 컬러는 자신의 이미지를 밝고 긍정적으로 보이게 할 뿐만 아니라 그로 인해 마음을 편하게 하는 심리적 효과도 가져오게 한다.

3 퍼스널 컬러의 계절별 특징

1) 봄 컬러의 특징

봄 컬러는 모든 색이 옐로우 베이스를 기본으로 하며, 퍼스널 컬러의 봄의 색들은 만물이 소생하는 봄답게 새싹의 초록 초록함, 빨갛고 탐스럽게 익은 열매의 빨강색, 봄의 개나리의 선명한 노랑색 등 주로 채도가 높고 밝고 부드러운 따뜻한 색상들이 주를 이룬다. 봄이 주는 이미지는 상큼함, 밝음, 생기 있음, 귀여움, 풋풋함, 사랑스러움, 깜찍함, 로맨틱함 등이고, 대표적인 연예인으로 아이유와 이연희 등을 들 수 있다. 이 사람들의 경우 대표적인 봄 컬러의 사람으로, 밝고 사랑스러운 이미지로 대중에게 많은 사랑을 받고 있다.

봄 사람에게 잘 어울리는 쥬얼리 색상은 골드 색상, 로즈골드, 아이보리 빛 진주이다. 실버색상보다는 주로 골드빛 색상의 쥬얼리가 잘 어울리며, 색조 제품 선택 시에도 따뜻한 계열의 코랄 핑크색 또는 은은한 베이지 컬러를 매칭을 하면 훨씬 이미지가 밝고 전체적으로 조화로워 보인다.

- 피부색: 노란빛이 도는 기본 베이스에 피치톤의 피부색이 주를 이루며 피부 자체가 얇기 때문에 잡티, 주근깨 등이 쉽게 노출 된다.
- 머리카락 색: 주로 노란빛이 도는 밝은 갈색 계열이 주를 이룬다.
- 눈동자 색: 노란빛의 밝은 갈색

2) 여름 컬러의 특징

여름의 컬러는 모든 색이 블루 베이스를 기본으로 하며, 봄 컬러들을 뜨거운 여름 태양에 오랜 시간두면 볼 수 있는 색이 바랜 느낌으로 은은하고 부드러운 차가운 느낌의

파스텔 톤의 컬러가 주를 이룬다.

여름이 주는 이미지는 부드러움, 차가움, 엘레강스함, 우아함, 지적임, 클래식함 등이고 대표적인 연예인은 손석희 앵커 그리고 배우 이영애를 여름컬러의 사람으로 분류할 수 있다.

여름컬러를 가진 사람에게 잘 어울리는 쥬얼리는 실버색상의 쥬얼리나 큐빅 등이 들어간 제품이다. 진주를 매칭할 때는 아이보리 느낌이 아닌 밝은 화이트 계열의 순백색의 진주를 매칭하면 좋다.

- 피부색: 다소 창백하면서 차가운 느낌의 흰 피부, 핑크빛이 도는 흰 피부라 할 수 있다.
- 머리카락 색: 챠콜 느낌의 블랙, 회색빛이 도는 블랙헤어, 밝은 회갈색
- 눈동자 색: 회색빛이 도는 블랙

3) 가을 컬러의 특징

가을의 컬러는 모든 색이 황색 베이스를 기본으로 하며 굉장히 깊고 중후한 느낌의 색상들이 주를 이룬다. 가을컬러에도 빨강색, 노랑색, 갈색이 있으나 가을이 주는 빨강, 노랑, 갈색은 주로 가을 산에서나 볼 수 있는 단풍이나 낙엽의 빨강, 노랑, 갈색 등이다.

가을의 이미지는 세련되고 차분하며 성숙된 느낌, 깊이감이 있는, 중후함, 차분함, 고상함, 클래식함, 내추럴 함, 따뜻함 등이고 가을을 대표하는 연예인은 가수 이효리와

박정아, 배우 이미연 등을 대표적인 가을컬러의 사람으로 분류할 수 있다.

가을 컬러는 주로 자연에서 볼 수 있는 컬러들이며 퍼스널 컬러가 가을인 사람은 액세서리를 매칭 할 때 주로 가죽이나 상아 그리고 색상은 골드, 카키, 브라운 등을 이용하면 자신이 가진 최상의 이미지를 연출 할 수 있다.

- 피부색: 까무잡잡한 황색피부 톤, 약간 어둡고 탁한 느낌의 피부색
- 머리카락 색: 어둡고 진한 갈색
- 눈동자 색: 노란 빛의 진한 갈색

4) 겨울 컬러의 특징

겨울 컬러는 모든 색이 블루베이스를 기본으로 하며 진하고 강하고 선명한 색상, 대비감이 큰 색상들이 주를 이룬다. 겨울 컬러가 주는 이미지는 모던하고 도시적이며 세련됨, 차가움, 대담한, 강렬함, 샤프함, 개성적, 시원스러움, 섹시함 등이고, 겨울을 대표하는 사람으로는 주원과 김혜수 등을 대표적인 겨울 컬러를 가진 연예인으로 분류할 수 있다.

겨울 사람은 모노톤(회색, 흰색, 검정색)의 의상이 잘 어울리며 대비감이 크고 강한 선명한 컬러들이 어울린다. 겨울 사람들에게는 차가운 느낌의 화이트(은색)골드, 다이아몬드, 순백색의 진주 등 다소 밝은 흰색계열의 액세서리 색상들이 어울린다.

- 피부색: 푸른빛이 도는 흰색피부, 다소 창백해 보이는 흰색 피부색
- 머리카락 색: 강한 느낌의 블랙, 블루블랙 헤어
- 눈동자 색: 어두운 갈색, 블랙

4 퍼스널 컬러의 여러 가지 효과들

1) 자신의 컬러는 자신의 얼굴을 밝고 건강한 이미지로 보이게 한다.

어떤 색상의 옷을 입었을 때, 어떤 색상의 섀도와 립스틱으로 메이크업을 했을 때, 나의 얼굴이 화사해 보이고 밝아 보이는가? 나의 계절에 해당하는 퍼스널 컬러의 색상으로 코디나 메이크업을 했을 때 나의 이미지는 밝고 화사하게 보인다.

자신의 퍼스널 컬러와 매칭될 때	자신의 퍼스널 컬러와 매칭되지 않을 때
• 칙칙했던 얼굴이 밝고 생기 있어 보인다. • 얼굴의 기미, 잡티들이 보이지 않거나 보이더라도 연하게 보인다. • 얼굴라인이 선명해 보이고 날씬해 보인다. • 건강해 보인다. • 동안으로 보인다. • 인상이 밝고 부드러워 보인다. • 얼굴이 작아 보인다.	• 얼굴이 칙칙하고 생기가 없어 보인다. • 다크서클, 기미, 잡티, 주근깨 등이 두드러져 보인다. • 얼굴라인이 흐리게 보이고 살쪄 보인다. • 아파 보인다. • 나이 들어 보인다. • 인상이 강해 보인다. • 얼굴이 커 보인다.

2) 자신의 컬러를 알기 때문에 효과적인 소비를 할 수 있다.

퍼스널 컬러를 알지 못했을 때에는 모든 소비를 디자인을 중심을 했다면 컬러를 알고 난후엔 디자인과 컬러가 함께 고려되므로 훨씬 더 효과적인 소비를 할 수 있다.

3) 자신에게 어울리는 컬러로 최상의 이미지를 연출 할 수 있다.

나의 퍼스널 컬러를 매칭하여 단점은 보완하고 장점은 부각하여 최적화된 이미지를 만들 수 있다.

4) 자신에게 어울리는 컬러로 자신감을 찾고 그로 인한 긍정적 사고를 할 수 있다.

자신의 퍼스널 컬러를 매칭하여 이미지를 밝고 건강하게 개선할 수 있으며, 이는 자신의 긍정적 사고에도 영향을 줄 수 있다.

5 퍼스널 컬러의 활용

나의 퍼스널 컬러가 봄이라 하더라도 봄 컬러로 옷을 입게 되면 자칫 과해보이거나 촌스러울 수 있다. 따라서 퍼스널 컬러는 자켓, 셔츠 등 옷 컬러로도 활용이 가능하지만 스카프, 액세서리, 배경 등 다양하게 활용이 가능하다.

1) 스카프, 액세서리

퍼스널 컬러의 봄 사람이 의상을 블랙컬러로 선택을 했을 때 스카프나 브롯치 등을 봄 컬러로 매칭을 하면 얼굴을 더욱 돋보이게 할 수 있으며 봄 사람에게 어울리지 않는 블랙의상을 커버 할 수 있다.

2) 립스틱 컬러

여성의 립 컬러의 경우에 웜톤의 피치핑크 또는 봄과 가을의 여성에게, 쿨톤의 핫핑크는 여름과 겨울의 여성에게 매칭하여 이미지를 밝고 깨끗하게 연출 할 수 있다.

3) 안경테

안경테의 선택의 경우, 가장 좋은 방법은 얼굴에 착용 해 본 후 자신의 얼굴형과 피부색에 가장 잘 어울리는 것을 선택 하는 것이 좋지만 그렇지 못할 경우에는 자신의 퍼스널 컬러를 참고로 하여 선택하면 도움이 된다. 선택 방법은 브라운 계열과 블랙 계열을 대표적으로 볼 때 웜톤의 봄과 가을의 사람에겐 브라운 계열을, 쿨톤의 여름과 겨울 사람에겐 블랙테를 매칭하는게 자신의 이미지를 어필하기에 효과적인 컬러라 할 수 있다.

4) 옷의 컬러와 배경

가을 여인에게는 트렌치코트와 가을 낙엽이 떨어지는 거리가 자신의 이미지를 부각 시킬 수 있는 최상의 의상과 배경이 되며, 겨울 사람에게는 모노톤의 색상이나 선명하고 강한색등을 매칭을 함으로 최상의 이미지를 부각 시킬 수 있을 것이다.

5) 남성의 타이 컬러

수트를 주로 착용하는 남성의 경우 컬러선택이 폭이 그리 넓지 않은데, 수트 색상은 기본으로 선택을 하되 타이색상을 선택할 때 자신의 퍼스널 컬러를 활용한다면 자신이 가진 최고의 이미지를 부각 시킬 수 있을 것이다.

6) 그 외

그 밖에도 비오는 날 우산컬러의 선택, 차량의 색상을 선택할 때, 메이컵 제품의 선택, 헤어컬러의 선택, 컬러렌즈의 선택, 컬러가 다양한 캐쥬얼 의상의 선택 등 다양하게 자신의 퍼스널 컬러를 활용할 수 있다.

▨ 일상에서 퍼스널 컬러를 찾을 수 있는 방법

흔히 퍼스널 컬러 교육 후에도 컬러의 가이드라인이 있는 것이 아니기 때문에 많은 이들이 자신의 컬러를 선택하는 것이 쉽지가 않다.

퍼스널 컬러를 선택하는데 좀 쉬운 방법은 첫 번째 단계에서 자신의 피부색이 웜톤(노란빛)인지 쿨톤(핑크빛)인지 자신의 타입을 먼저 구분 하는 것이다. 웜톤이라면 봄과 가을로 우선 구분을 짓고, 그 다음 으로 봄과 가을 중 밝고 부드러운 컬러(봄)가 잘 어울리는지 아니면 탁하고 중후한 느낌의 색(가을)들이 잘 어울리는지를 선택을 한다면 좀 더 쉽게 자신의 컬러를 찾을 수 있을 것이다. 봄의 컬러는 좀 더 선명하고 부드러운 것이 특징이며, 가을의 경우 같은 웜톤이라도 색상자체가 무게감이 있고 중후한 자연의 느낌이 특징이다.

쿨톤의 경우라면 여름과 겨울로, 여름은 대부분의 색상에 흰색이 가미된 파스텔톤의 느낌이 나며 부드럽고 차가운 것이 특징이며, 겨울은 색상자체가 굉장히 강하고 선명한 느낌으로 무게감이 있고 대비감이 큰 컬러가 특징이다. 시중에서 컬러를 찾을 때 색상을 구분하기 어렵다면 먼저 따뜻한지(웜톤) 차가운지(쿨톤)를 먼저 구분한 다음, 차가우면서 부드러운 색(여름)인지, 강렬한 색(겨울)인지를 구분 한다면 자신의 컬러를 찾는데 좀 더 쉽게 접근할 수 있을 것이다.

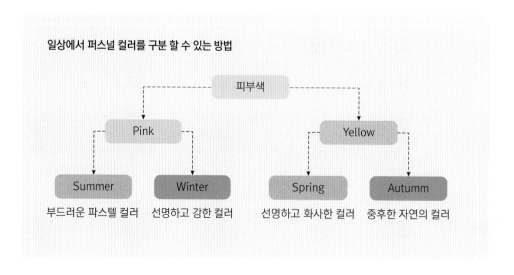

일상에서 퍼스널 컬러를 구분 할 수 있는 방법

1단계: 자신의 가진 피부색이 차가운지(핑크톤) 따뜻안지(엘로우톤)를 구분한다.

↓

2단계: 따뜻하다면(봄 vs 가을): 선명하고 화사한(봄) 색이 잘 어울리는지 아니면 깊고 중후한 자연의 색(가을)이 잘 어울리는지를 찾는다.

차갑다면(여름 vs 겨울): 부드럽고 파스텔느낌(여름)의 색이 잘 어울리는지아니면 깊고 강렬한 색(겨울)이 잘 어울리는지를 찾는다.

6 퍼스널컬러 진단

1) 컬러진단전문 드레이프지와 거울을 준비한다.
2) 메이컵이나 염색을 하지 않은 상태 그리고 컬러렌즈 등을 착용하지 않은 자연 상태에서 진단한다.
3) 인공조명이 아닌 자연광에서 진단한다.
4) 진단 시 영향을 줄 수 있는 요인들을 고려한다.

※ 퍼스널 컬러진단 시 주의할 점
조명, 진단 당일 입은 액세서리나 옷의 컬러, 메이크업, 컬러렌즈, 헤어컬러, 음주에 따른 피부색의 변화 등은 사전에 미리 고려한다.

Chapter

09

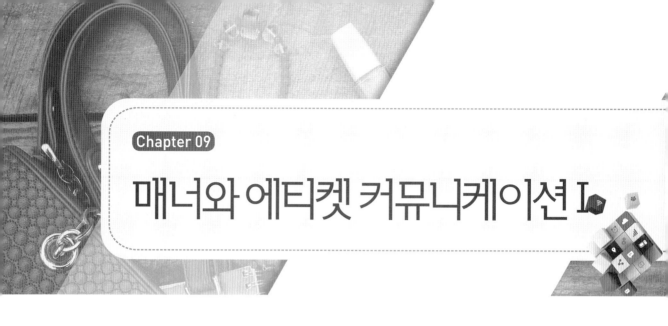

매너와 에티켓 커뮤니케이션 I

1 에티켓

1) 에티켓의 어원 : '공공을 위한 입간판, 안내판' 의 뜻

사진: 베르사유 궁전

2) 에티켓은 사회생활을 원활하게 하기 위한 사회적인 약속이자 불문율

3) 사회생활을 함에 있어 모든 장소와 상황, 경우에서 취해야 할 바람직한 양식

4) 법적인 제제를 지니고 있지는 않지만, 사회생활을 쾌적하고 원만하게 하기 위해
   지켜야 할 규범적 성격을 가지고 있다.

2 매너

1) 매너 : 행동 구체적인 방식이나 자세

※ manner
라틴어 Manuarius 유래, Manus + Arius 복합어

2) 타인을 향한 배려의 마음을 형식적으로 표현한 것이다.

3) 매너의 기본은 내가 아닌 상대방을 존중하는 데 있으며, 타인에게 불편함이나 폐를 끼치지 않도록 배려를 행함으로써 상대방을 편안하게 하는 행동방식이라고 할 수 있다.

4) 매너는 에티켓을 외적인 행동으로 표현하는 것이라고 볼 수 있다.

3 예의범절

1) 동양적 개념의 에티켓

2) 일상생활에서 갖춰야 할 대부분의 예의와 절차를 포함하고 있으며, 유교의 사상적 성향이 아닌, 도덕사상인 삼강오륜(三綱五倫)을 근간에 두고 발전하였다.

3) 서양적 개념과는 다르게 개인이 집안에서 지켜야 할 기본 규범에서 유래

4) 에티켓과 매너가 복합적으로 더해진 동양적인 개념

4 직장인의 매너

1) 출근 매너

- 정해진 출근시간 보다 15~30분 정도 일찍 도착해서 여유 있게 업무를 준비한다.
- 출. 퇴근 시 복장은 회사의 분위기와 이미지를 생각하고, 직장인으로서 단정하고 업무 효율성을 높일 수 있는 차림으로 입는다.
- 출근 시 밝은 목소리와 환한 표정으로 마주치는 직원들에게 인사를 하여 밝고 긍정적인 분위기를 조성하며 좋은 이미지를 심어 줄 수 있도록 한다.
- 부득이하게 지각이나 결근을 하게 될 경우 반드시 업무시작 전에 연락을 하여 사유를 보고하며, 처리해야할 일은 동료에게 협조를 구해 업무에 지장이 없도록 조치한다.

2) 근무 중 매너

- 회사 내의 규정을 잘 이해하고 이를 준수하도록 한다.
- 근무 중 사적인 업무나, 통화 및 메신저 등으로 인해 동료에게 불편함을 주는 행동은 삼가도록 한다.
- 출, 퇴근 시간은 물론 점심시간까지 정해진 근무 시간은 준수하도록 한다.
- 외출이나 출장이 있을 때에는 행선지, 회사 복귀시간, 업무 내용 등을 상사에게 보고하며 상사의 승인 및 지시에 따라 행동한다.
- 자리를 비우기 전에 업무에 지장이 없도록 자신의 업무 처리를 정확하게 마무리하고, 복귀 시 부재중 발생한 업무에 대해 빠르게 확인 후 처리한다.

3) 퇴근 매너

- 당일 해야 하는 업무는 되도록 당일에 마무리 하도록 하고, 부득이 처리하지 못한 일은 상사에게 보고하여 지시를 받는 것이 좋다.
- 상사보다 먼저 퇴근해야할 경우에는 상사에게 양해를 구하고 "먼저 퇴근하겠습니다"라는 말과 함께 정중하고 예의바르게 인사하고 퇴근하도록 한다.
- 업무가 마무리되었다고 근무 시간이 종료되자마자 바로 퇴근하는 것 보다 잔업으로 근무하고 있는 동료들이 있다면 뭔가 도울 일이 없는지 물어보고 행동하는 것이 좋다.
- 퇴근 시 책상과 주변을 깨끗하게 정리하고, 컴퓨터와 전자 기기 소등을 철저히 한다.

4) 직장 내 호칭

계층에 따른 호칭

상급자	• 성과 직위 다음에 '님'이라는 존칭을 붙여 사용 　ex) 김대리님, 박과장님, 최부장님 • 상급자의 성함을 모를 경우 직위에만 '님'이라는 존칭을 붙여서 사용 　ex) 대리님, 과장님, 부장님
동급자 하급자	• 동급자와 하급자는 성+직위 또는 직명으로 호칭 • 동급자는 이름만 부르기보다는 이름 뒤에 '씨'를 붙여서 호칭
본 인	• 상급자에게 본인을 지칭할 때는 '저'를 사용

※ 문서에는 상사의 존칭을 생략

경어의 종류

존칭어	• 상대방을 존경하는 의미를 가지며 상대방을 높이는 말 • 말하는 주체인 자신보다 상대방이 높을 때 사용
겸양어	• 상대방을 높여 주는 의미를 가지며 자신을 낮춰서 하는 말 • 말하는 주체가 본인일 경우 겸양어를 사용
정중어	• 상대방에게 정중한 마음을 표현하기 위한 말로, 말하는 상대방에 대하여 직접적인 경의를 표하는 것

Chapter

10

매너와 에티켓
커뮤니케이션 II

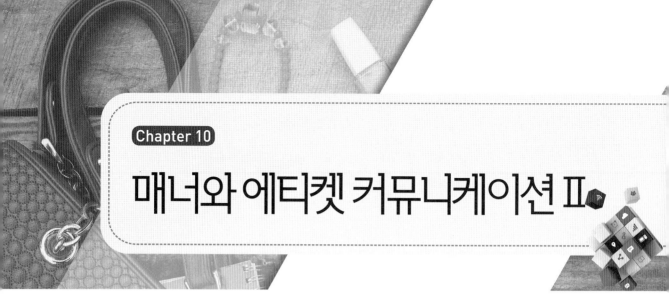

Chapter 10
매너와 에티켓 커뮤니케이션 Ⅱ

1 인사 매너

1) 인사의 의미

- 인사(人事) = 사람 인(人) + 일 사(事)
- 누군가와 만나거나 헤어질 때 예를 표하는 것으로 말이나 행동을 뜻한다.
- 인간관계를 위한 첫 걸음이자 상대방에 대한 가장 기본적인 예의

- 서로의 마음을 열리게 하고 호감있게 하는 기본적이며 효과적인 방법
- 본인의 교양과 인격을 외적으로 나타내는 것이다.
- 상대에 대한 존경과 감사의 마음을 인사로 표현하는 것이다.
- 고객응대를 하는 직장인으로서 고객에 대한 봉사의 마음과 환영을 표현하는 것이다.

2) 인사의 6代 핵심 포인트

- 인사는 누가 먼저? 내가!
- 표정은? 밝게!
- 시선은 어디에 두고? 상대의 얼굴을 보며!
- 목소리는? 밝은 목소리로 분명하게!
- 어떤 마음으로? 진심을 담은 마음으로!
- 신경써야 할 것은? 시간, 장소, 상황을 고려해서!

※ T.P.O - Time, Place, Occasion

3) 인사의 기본 자세

시 선	상대의 얼굴 중에 눈이나 미간을 편안하게 바라본다.
표 정	밝고 부드럽게 자연스러운 미소를 짓는다.
자 세	머리-가슴-허리-다리 자연스럽게 곧게 펴서 <머리부터 허리까지> 일직선이 되도록 한다.
어 깨	자연스럽게 힘을 빼고 내린다.

턱	가슴쪽으로 자연스럽게 당긴다.
손	남성은 가볍게 주먹을 쥐어 바지의 재봉선에 편하게 붙이고, 여성은 공수 자세를 취한다. (평상시 오른손이 위)
무릎	곧게 펴서 두 무릎을 자연스럽게 붙인다.
발	발뒤꿈치는 붙이고, 발의 앞부분은 살짝 벌려준다. (남성 30도, 여성 15도 정도)

4) 인사의 순서 6단계

1단계	인사하는 상대방을 바라본다. (눈이나 미간)
2단계	먼저 허리부터 숙이되 등과 머리까지 일직선, 턱은 살짝 당겨준다.
3단계	시선은 상대방의 발끝에 두거나, 본인의 발끝에서 2보 정도 앞에 시선을 둔다.
4단계	숙인 상태에서 잠시 멈춘다.
5단계	상체를 올리면서 올라온다. (숙일 때 보다 천천히 올라온다)
6단계	다시 상대를 바라보며 밝은 미소와 함께 인사말을 한다.

5) 인사의 시기

- 인사 대상과 방향이 다를 때 - 통상적으로 30걸음 이내에서 한다.
- 인사 대상과 방향이 마주칠 때 - 가장 적합한 시기는 6보 이내이다.
- 갑자기 인사 대상과 마주쳤을 때 - 즉시 인사해야 한다.
- 인사 대상이 바로 앞에서 걸을 때 - 상대 앞으로 빠르게 가서 인사 자세를 취하고 인사한다.

- 계단 아래에 윗사람이 있을 때 - 빠르게 아래로 내려가 윗사람 앞에서 인사한다.

※ **잘못된 인사**
- 고개만 끄덕
- 인사 동작이 없이 말로만
- 인사 상대를 쳐다보지 않고
- 형식적으로 하는
- 계단 위에서 윗사람에게 하는
- 뛰어 가면서
- 무표정한
- 인사말이 분명치 않고 어물어물하며 하는

6) 인사의 종류 : 상황에 맞는 인사

목 례	방 법	• 눈으로 예의를 표하는 인사 : 눈 목(目) • 가볍게 머리만 숙여서 인사 (상체를 숙이지 않는다)
	상 황	• 복도나 실내에서 자주 마주치게 되는 경우 • 무거운 짐을 양손에 들고 있는 경우 • 모르는 분과 마주친 경우 • 본인 또는 상대방이 통화 중인 경우
약 례	방 법	• 허리를 15도 정도 살짝 숙여서 하는 인사 • 간단한 인사일 수 있기에 미소는 필수
	상 황	• 엘리베이터, 실내와 통로와 같이 협소한 공간 • 화장실과 같은 사적인 공간 • 손님이나 상사를 여러 차례 만나는 경우 • 친한 사람이나 동료를 만나는 경우 • 상사가 주재하는 면담, 회의, 대화의 시작과 끝
보통례	방 법	• 인사 중 가장 많이, 보통적으로 하게 되는 인사 • 정식 인사 • 허리를 30도 정도 숙여서 인사하며, 시선은 본인의 발 끝에서 2미터 정도의 거리를 둔다.

보통례	방 법	• 인사말을 같이 하며, 너무 빨리 올라오면 정식인사의 느낌이 들지 않기 때문에 신경쓴다.
	상 황	• 상사나 손님을 만나거나 헤어질 경우에 • 통상적으로 처음 만나 인사하는 경우 • 상사에게 지시 또는 보고를 받는 경우
정중례	방 법	• 허리를 45도 정도 정중하게 숙여서 인사
	상 황	• 감사의 마음을 전할 경우 • 잘못, 부족한 일에 대해 사과하는 경우 • 공식석상에서 처음 인사하는 경우 • VIP 고객이나 직장 CEO를 맞이하거나 배웅할 경우

7) 공수 : 拱手 의의

• 공수자세란 공손한 자세로, 모든 행동의 시작에 있어 중요하다.

• 두 손을 앞으로 포개어 맞잡는 것이다.

• 성별과 상황에 맞게 정확하게 하는 것이 중요하다.

• 인사를 하기 위한 가장 기본이 되는 자세이다.

• 평상시 : 남성은 왼손, 여성은 오른손이 위로
• 흉사시 : 남성은 오른손, 여성은 왼손이 위로

▨ 공수의 동작

1	엄지손가락을 엇갈려 교차하고, 나머지 네 손가락은 모은다.
2	한 쪽 손이 위로 가게 하여 포갠다. • 평상시 남성은 왼손이 위로, 여성은 오른손이 위로 • 흉사일 경우에는 반대로 한다. • 흉사 : 초상집, 빈소, 발인, 영결식 등 (제사는 흉사가 아님)
3	손을 자연스럽게 내려 아랫배 주변 편안한 곳에 위치한다.
4	앉을 때에는 남성의 경우 두 다리의 아랫배나 두 다리의 중앙, 여성의 경우에는 두 손을 무릎 위나, 오른쪽 다리 위에 올린다.

2 소개 매너

1) 소개의 의미

- 사교의 시작이며, 사회생활을 하기 위해 서로간의 관계를 형성하는 역할을 한다.
- 누군가를 처음 만났을 때 소개를 통한 첫인상은 중요한 역할을 하므로, 사회생활에서 소개에 대한 올바른 이해와 매너를 갖춰야 한다.

2) 소개 시 유의사항

- 소개 시에 모두 일어나는 것이 원칙이다. (소개받는 사람이나 소개되는 사람 모두)
- 여성이 남성을 소개받을 때는 파티를 주최한 호스티스를 제외하고는 반드시 일어날 필요는 없다.
- 연장자가 소개를 받고 간단한 인사를 악수를 대신 하면 연소자도 이에 따른다.
- 연소자가 연장자에게 소개되었을 때 먼저 손을 내밀어서는 안 된다. (연장자가 악수를 청하기

전에)

- 부부를 소개받았을 경우 동성 간에는 악수를 하고, 이성 간에는 간단한 목례로 한다.
- 성별, 나이, 직위 등 혼합된 다수의 사람이 있을 때는 각자 소개하는 것이 효율적이다.
- 한 사람을 다수의 사람에게 소개해야 할 경우, 한 사람을 다수의 사람에게 먼저 소개한 후 다수의 사람을 한 사람에게 소개한다.

3) 소개의 순서

처음 소개 (先)	다음 소개 (後)
연소자	연장자
손아랫사람	손윗사람
부하직원	상사
남성	여성
미혼	기혼
집안사람	손님
회사직원	고객

4) 소개의 방법

- 1단계 : 소개하는 사람, 소개받는 사람 모두 일어나도록 한다.
- 2단계 : 소개자의 직책, 소속, 성명 등의 소개내용을 간단하게 설명한다.
- 3단계 : 소개 후 간단한 목례, 악수를 하며 미소 띤 얼굴로 인사한다.

※ 상황별 소개를 해보는 시간
- 연소자와 연장자
- 상사와 부하직원
- 기혼여성과 기혼남성

3 악수 매너

1) 악수의 의미

- 비즈니스를 하는 사람들 사이에서 친근함을 표현하는 것으로, 사회생활을 위한 관계 형성의 첫 번째 도구이다.
- 바른 마음으로 임하며, 바른 자세와 밝은 미소로 악수하는 것이 매우 중요하다고 할 수 있다.
- 서양에서 악수를 사양하는 것은 결례에 해당될 수 있다.
- 악수를 통해 상호 호의적이고 진취적인 관계를 형성할 수 있다.

2) 악수 시 유의사항

- 허리를 곧게 펴고 바르고 당당한 자세로 악수를 한다.

- 국가원수, 성직자, 왕족 등에게는 소개와 함께 머리를 숙여 인사하고, 본인에게 악수를 청하는 경우에는 허리를 숙여 악수를 한다.
- 상대방이 악수를 청할 경우 남성은 반드시 일어나야 하지만, 여성은 그렇지 않아도 무방하다.
- 악수를 할 때 장갑은 벗어야 하지만, 여성의 경우 드레스와 함께 연출한 드레스코드로 장갑을 착용했을 경우 벗지 않아도 된다.
- 손이 더러울 경우에는 인사로 대신하거나 상대방에게 양해를 구한 뒤 닦고 한다.

3) 인사의 순서 (누가 먼저..!)

先 (악수 청하는 사람)	後 (손을 잡는 사람)
여성	남성
손윗사람	손아랫사람
선배, 상사	후배, 부하직원
기혼자	미혼자
연장자	연소자

4) 악수의 방법

- 원칙적으로는 오른손으로 악수를 한다.
- 거리를 적당하게 유지한다.
- 손의 힘은 꽉 잡지도, 느슨하게 잡지도 않으며 서로가 편하게 잡는다.
- 상대방의 눈을 바라보고 가볍게 미소를 띠며 손을 잡는다.
- 2~3번 정도 위, 아래로 가볍게 흔든다.

4 명함 매너

1) 명함의 의미

- 명함은 프랑스 루이 14세 때 생겨, 현재와 같은 동판 인쇄 명함은 루이 15세 때부

터 사교상의 목적으로 사용되었다고 한다.

- 고대 중국사회에서는 상대방의 집을 방문했다가 상대방이 부재 시 본인의 이름을 적어 놓고 오는 관습이 있었고, 이것으로부터 명함이 유래되었다고 전해져 온다.
- 명함은 상대방에게 자신의 성명과 소속, 직급 등을 알려주고 이를 증명하는 역할을 한다.

> ※ 명함의 종류로는 사교용 명함과 업무용 명함이 있으며, 업무용 명함의 경우에는 자신의 성명과 회사명과 주소, 직위, 연락처 등이 기재된다.

2) 명함 교환 시 유의사항

- 명함은 항상 여유 있게 준비하고 명함케이스에 잘 보관하여 소중하게 관리한다.
- 남성은 포켓 또는 양복 상의 명함 주머니, 여성은 가방에 넣어두는 것이 좋다.
- 방문자가 상대방에게 먼저 건네지는 것이 매너지만, 고객이 방문했을 경우에는 직원이 고객에게 먼저 명함을 건네는 것이 매너이다.
- 부득이한 경우가 아니면 한 손으로 명함을 건네면서 동시에 다른 손으로 명함을 받는 경우는 실례에 해당된다. (부득이한 경우 오른손으로 건네고, 왼손으로 받는다.)
- 명함은 일어선 자세로 교환하는 것이 매너이자 예의라고 할 수 있다.

3) 명함의 교환 순서

먼저 (명함 건네는 사람)	나중 (명함 받는 사람)
아랫사람	윗사람
소개하는 대상	소개를 받은(들은) 사람
방문자	상대방

4) 명함 교환 방법

▨ **명함을 줄 때**

- 명함은 선 채로 교환하는 것이 매너이다.
- 두 손으로 공손히 주거나 왼손을 받쳐서 오른손으로 주는 것이 예의이다.
- 상대방이 자신의 이름을 바르게 볼 수 있도록 건넨다.
- 상반신을 약간 숙이며 정중하게 인사를 하고, 이름과 소속을 정확히 말한다.
- 명함을 건넨 후에는 상대방과 인사를 나눈다.

▨ **명함을 받을 때**

- 명함을 받을 때도 일어서서 두 손으로 공손히 받는다.
- 명함을 받으면 반드시 자신의 명함 또한 건네야 한다.
- 명함이 없는 경우 상대방에게 정중히 사과로 대신하며, 의견을 물어 원할 경우 종이에 명함의 내용 등을 적어 드린다.
- 명함을 받자마자 바로 명함케이스에 넣어나 어딘가에 넣는 것은 실례이다.
- 상대방의 명함을 바로 확인하며 답례의 인사를 한다.
- 명함에 읽기 어려운 글자가 있으면 그 자리에서 바로 물어본다.
- 명함을 받은 후 대화가 이어지는 상황일 경우 받은 명함을 테이블 위에 올려두고 대화를 하며, 직위와 이름을 기억하는 모습을 보인다.
- 대화가 끝나면 명함을 명함케이스에 잘 보관한다.

- 상대방과의 만남이 끝난 후 명함 뒷면에 만난 날짜와 기록해야 할 사항 등을 메모할 수도 있다. (명함에 낙서는 절대 금물)

※ 이런 모습은 매너에 어긋나요..!
- 명함을 어디에 보관했는지 몰라 여기저기 찾고 있는 모습
- 뒷주머니 등 꾸깃꾸깃 보관 상태가 좋지 않은 명함을 꺼내는 모습
- 명함을 제대로 보관하지 않거나 테이블 위에 그냥 두고 일어나는 모습
- 상대가 보는 앞에서 명함을 훼손하거나 낙서하는 모습
- 거꾸로 명함을 건네는 모습
- 상대방에게 본인의 이름 등을 말하거나 간단한 소개 없이 명함만 건네는 모습
- 명함을 소중하게 다르지 않는 모습

5 안내 매너

1) 복도

- 안내할 때는 고객보다 2~3 걸음 비스듬히, 앞서서 안내한다.
- 몸을 조금 비켜선 자세로 사선 걸음으로 걸으며, 고객이 잘 따라 오시는지를 확인한다.
- 손가락은 편 상태로 가지런히 붙여 방향을 안내한다.

- 얼굴과 시선은 항상 함께 움직인다.
- 손님과 본인의 거리를 확인하며 걷고, 모퉁이를 돌 때에는 미리 방향을 잘 안내한다.

2) 계단, 에스컬레이터

- 계단과 에스컬레이터를 오를 때는 고객보다 한 두 계단 뒤에서 따라 올라가며 안내하고, 내려올 때는 고객보다 한 두 계단 앞서 내려오며 안내한다.
- 스커트 차림의 여성을 안내할 경우에는 계단을 오를 때는 남성이 먼저 올라가고, 내려올 때는 여성이 먼저 내려가도록 한다.
- 고객이 잘 따라올 수 계단을 오르고 내릴 때는 속도를 조절한다.
- 다른 고객을 위하여 계단을 이용 시 한 방향으로 이동하며 안내한다.

3) 엘리베이터

- 엘리베이터를 탈 때는 행선 층을 미리 알려주는 것이 매너이다.
- 상석은 들어가면서 좌측 안쪽이고, 고객이 선 경우 그 주위에 선다.
- 탑승자가 많은 경우 공간과 탑승을 배려하고, 내릴 때는 주위 탑승객들에게 양해를 구하고 내린다.

▨ 상황에 따른 엘리베이터 탑승 순서

아무도 없을 때	버튼 조작을 위해 고객보다 먼저 타고, 내릴 때는 버튼을 누른 상태에서 고객을 먼저 내리게 한다.
누군가 타고 있을 때	고객보다 나중에 타고, 내릴 때는 고객보다 먼저 내린다.
목적지를 알고 있는 상사, 여성과 동행시	여성 또는 상사가 먼저 타고 내린다.
탑승자가 많을 경우	아랫사람이 문 앞에 있는 경우 먼저 내릴 수 있다.

4) 출입문

당겨서 여는 문	고객이 먼저 통과하도록 안내자가 문을 당겨 열고 서서 안내한다.
밀고 들어가는 문	문 옆에 서서 문을 잡고 고객이 통과하도록 안내자가 먼저 통과한 후 안내한다.
회전문	고객의 걸음 속도에 맞춰 뒤에서 문을 밀어 주고 고객을 먼저 들어가게 한다.
미닫이 문	나올 때와 들어갈 때 모두 안내자가 먼저 들어가고 나온다.

5) 응접실

- "이곳입니다"라고 응접실에 도착하면 이야기 하고응접실에 들어간다.
- 상석과 하석은 고객의 직위와 방문의 중요도에 따라 고려하여 안내한다.

▨ 상석이란

상석의 개념	• 가장 편한 자리 • 동서남북을 기준으로 봤을 때 상석의 방향은 북쪽이 상석 • 오른쪽이 의전 기준의 기본으로 상석
기본적인 상석의 기준	• 입구에서 먼 곳이 상석 • 멋진 그림이 보이거나 경치가 좋은 자리가 상석 • 비좁지 않고 여유있는 곳 • 소음이 적거나 심리적으로 안정감을 주는 곳 • 상사의 자리가 정해져 있는 경우, 오른쪽이나 가까운 자리 • 레스토랑은 웨이터가 의자를 먼저 빼 주는 자리

6 조문 매너

1) 조문 복장

남 성	• 검정 양복이 기본 • 감색이나 회색 양복도 무난하다. • 근래에는 복장이 단정하면 조문매너에 크게 구애받지 않는 편이다. • 셔츠는 반드시 흰색으로 착용하고, 넥타이와 구두는 검정으로 한다.
여 성	• 검정 상하의를 착용한다. • 스커트를 입을 경우 검정 스타킹과 구두를 신는다. • 가방 등 소지품도 검정으로 통일한다. • 화려한 악세서리, 지나친 색조와 향수는 피하도록 한다.

2) 조문 시 유의 사항

- 가까운 친구나 친지가 상을 당했을 때는 가급적 빨리 가서 장례 절차 준비를 돕거나 함께하는 것이 좋다.
- 장례식장에서 반가운 친구나 친지를 오랜만에 만나더라도 큰 목소리로 이야기 나누거나, 웃고 떠들지 않도록 주의한다.
- 지나친 음주, 화투나 카드 등은 자제하도록 한다.
- 정신적으로 힘든 유족에게 너무 많은 말을 시키지 않도록 한다.
- 장례 절차나 비용 등에 대해서는 간섭하지 않도록 하고 궂은 일을 돕는다.

- 조의금의 경우 문상을 마친 후 부의함에 직접 넣거나 호상소에 접수한다.
- 조의금을 직접 상주에게 건네는 것은 결례이다.
- 조의금은 성의를 표하는 정도로 형편에 맞게 한다.

3) 조문 순서

1	입 장	장례식장에 도착하면 외투나 모자 등은 미리 벗어두고 들어가도록 한다.
2	호상소	조객록에 자신의 이름을 적는다. (이때 부의금 전달 가능하나, 상주조문까지 마치고 하는 것이 기본 순서이다.)
3	상주와 인사	상주와 목례를 가볍게 하고, 영정 앞에 무릎을 꿇고 앉는다.
4	분향 / 헌화	▶ 분향시 : 　• 향에 불을 붙이고, 왼손으로 가볍게 흔들어 끈다. 　• 입으로 불어 불을 끄지 않도록 하고, 두 손으로 향로에 향을 꽂는다. ▶ 헌화시 : 　• 헌화를 할 경우, 꽃을 가슴 앞쪽에 들고 영정 앞으로 가서 천천히 놓은 후 기도 또는 묵념을 한다.
5	재 배	일어나서 잠깐 영정 앞에 묵념을 한 후 두 번 절한다.(혹은 묵념 또는 기도를 한다.)
6	상주에게 조문	▶ 분향을 한 경우 : 　• 영정에서 물러나 상주에게 한 번 절하고, 무릎을 굽혀 앉은 뒤 위로의 말을 건넨다. ▶ 헌화를 한 경우 : 　• 상주 앞으로 와서 인사를 한 뒤 위로의 말을 건넨다.
7	부의금 전달	• 부의금을 부의함에 넣거나 호상소에 전달한다. • 최근 조문 순서의 간소화로 인해 분향, 헌화 전에 호상소에 조객록 작성 시 부의금을 넣기도 한다.

※ 장례식장에서의 공수는 흉사이므로 남성은 오른손을, 여성은 왼손을 위로하여 포갠다.

Chapter

11

서비스인의
용모와 복장

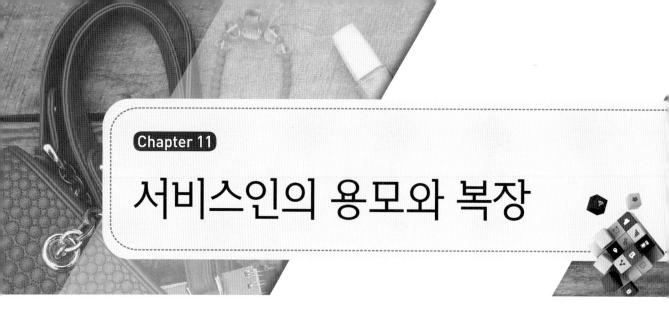

Chapter 11

서비스인의 용모와 복장

1 용모와 복장

앞서 살펴보았던 알버트메라비안 교수의 연구팀에 의하면 사람과 사람간의 첫 대면에서 상대방을 어떻게 인지하는가에 관한 연구에서 말하는 내용인 언어적 요소 7%, 목소리와 톤, 음성 등의 청각적 요소 38%, 용모, 자세, 복장, 표정, 이미지 등의 시각적 요소 55%가 차지하였다. 즉, 소리 없는 신호인 시각적인 요소들이 상대방의 첫인상을 결정짓게 하는 중요한 요인인 된다는 것이다. 서비스인의 용모, 복장, 표정, 자세, 몸짓 등으로 상대방에게 시각적 이미지를 제공하게 되고 이러한 신호들이 만들어내는 서비스인의 이미지는 상대방의 말 보다 오히려 더 많은 것을 판단하게 하는 기준이 된다. 현대를 살아가고 있는 지금 우리는 의도적이든 의도적이지 안든 상대의 보여지는 이미지만으로 타인의 많을 것을 판단하고 있다. 특히나 고객과 만나야 하는 서비스인들의 경우 보여지는 용모와 복장 그리고 표정으로 구성된 이미지 또한 서비스 경쟁력을 향상 시킬 수 있는 또 하나의 전략이라 할 수 있다. 따라서 서비스인의 긍정적인 이미지를 위해 용모와 다듬고 TPO(Time/Place/Occasion)에 맞는 복장을 갖추는 것 또한 중요하다.

2 용모와 복장의 중요성

- 자신이 속한 서비스 기업의 이미지를 반영한다.
- 서비스의 품질을 판단하게 하는 하나의 기준이 된다.
- 신뢰감을 주는 용모 복장은 비즈니스에서 경쟁력을 향상 시킬 수 있는 방법이다.
- 서비스인의 직업에 대한 마음가짐의 표현이 되기도 한다.

3 서비스인의 용모와 복장 포인트

서비스인의 용모와 복장의 중요한 핵심 포인트는 고객에게 신뢰감을 주고 설득력이 있는 친근한 이미지여야 하며 전문적이고 세련된 이미지가 포인트이다. 이를 위해서는 정장의 색상 및 디자인에서부터 셔츠, 타이의 색상과 디자인, 구두, 벨트, 기타 액세서리 까지 세심하게 신경을 써야한다. 용모와 복장은 자신의 소속된 서비스 기업이 추구하는 이미지를 참고하는 것이 좋고, 서비스 기업에 따라서 규정해 놓은 용모 및 복장 규정이 있는 곳도 있으니 주의하자.

1) 남녀 용모 체크사항

헤어	• 남성: 이마를 드러내는 깔끔한 헤어스타일이 좋고 헤어제품 등으로 손질해야 한다. • 여성: 단발일 경우 반드시 드라이를 하고, 긴 머리일 경우 포니테일 또는 망으로 정리 하는 것이 좋다.
얼굴	• 남성: 면도, 코털정리 • 여성: 과도한 메이크업 지양
구강 관리	• 흡연으로 인한 구취 체크

2) 남녀 기본 복장 체크사항

수트 색상	• 남성: 챠콜 그레이, 네이비(감청색), 블랙 • 여성: 블랙, 네이비(감청색)
셔츠	• 남성: 무광의 솔리드 화이트 셔츠가 기본 • 여성: 화이트 컬러의 블라우스, 셔츠, 탑
타이	• 비즈니스느낌을 주는 스트라이프나 도트 무늬의 푸른 계열 또는 • 붉은 계열 타이

벨트	• 단정한 느낌이 있는 블랙, 브라운계열의 가죽 정장 벨트
구두	• 남성: 끈을 묶은 옥스퍼드 정장 슈즈(브라운, 검정계열이 가장 무난함) • 여성: 블랙, 베이지계열의 스틸레토 힐 또는 펌프스
기타 액세서리	• 남성: 시계 정도가 적당 　※ 팔찌, 목걸이 등 과도한 액세서리 주의 • 여성: 시계착용, 귀걸이는 귀밑 1cm 미만의 종류로 선택 　※ 큰 귀걸이는 고객 응대 시 시선을 분산시킬 수 있으니 주의하자.

4 남성의 기본 복장

1) 남성의 기본 정장

▨ **상하가 한 벌이어야 하고 같은 색상, 같은 원단이어야 하며 원단에 스트라이프 등 의 무늬가 없어야 한다.**

　상의는 투 버튼 자켓이 비즈니스 정장이며 하의는 너무 타이트한 핏은 피하고 일자핏을 선택하는 것이 좋다.

▨ **수트의 기본색상은 챠콜 그레이, 네이비(감청색), 블랙이 기본색상이 된다.**

시중에 나온 남성정장들 중 색상들은 굉장히 다양하지만 비즈니스 패션의 신뢰감을 주는 수트 색상은 챠콜 그레이, 네이비, 블랙컬러이다.

▨ **자동차판매서비스를 제공하는 수입 업체 M사 경우에 이 세 가지 색상들을 기본 정장컬러로 규정해 놓았다.**

※ 주의해야 할 점
　챠콜 그레이 수트일 경우, 밝은 색부터 짙은 색으로 나눠지게 되는데 너무 밝은 챠콜 그레이는 다소 연령대가 있어 보일 수 있다. 따라서 챠콜 그레이 컬러를 선택할 경우 밝은 색보다는 조금 짙은 계열을 선택하는 것이 무난하다.

2) 셔츠

▨ **셔츠는 무광의 솔리드 화이트 셔츠를 선택 하는 것이 가장 좋고 푸른 계열의 셔츠도 무난하다.**

셔츠의 칼라(regular point collar)는 기본 레귤러 칼라가 적당하다.

셔츠는 서양식 의복에서 유래를 했기 때문에 원칙적으론 셔츠 안에는 속옷을 입지 않는다. 이는 서양복식에서 드레스셔츠 자체로 속옷 역할을 하기 때문이다. 하지만 우리나라 경우에 런닝셔츠라는 속옷개념이 있기 때문에 셔츠의 얇은 정도에 따라서 민망한 상황이 연출될 수 있으니 셔츠의 두께에 따라 혹은 계절에 따라 런닝셔츠를 갖추어 입는 것도 좋다. 셔츠의 깃과 소매는 항상 청결해야하며 다리미로 깨끗하게 다려져 있어야 한다. 또한 셔츠의 깃과 소매의 청결함에 특별히 더 신경을 써야한다.

3) 타이

스트라이프 타이

도트 타이

타이는 예의와 격식을 갖춰야 할 자리에서는 필수 소품이다. 넥타이는 비즈니스 느낌을 주는 스트라이프나 도트 무늬가 적당하다. 푸른 계열의 스트라이프 타이는 신뢰감을 주며 적극적인 이미지를 주는 타이 색상이므로 세일즈에서 무난히 착용할 수 있는 스타일이다. 붉은색 타이는 상대방에게 자신의 주장을 어필 할 수 있는 '메시지' 타이라고도 한다. 비즈니스에서는 푸른 타이와 붉은 계열의 타이가 가장 무난하며 타이는 주5일분 5개의 타이와 문상용 검은 타이 한 개정도를 가지고 있는 것이 좋다. 또한 넥타이를 고를 때는 내가 가진 얼굴색과 자신의 퍼스널 컬러를 고려하여 알맞게 고르는 것도 중요하다.

타이 색상 별 이미지		
	• 푸른 타이:	비즈니스에서 가장 무난한 타이색상, 평화, 화합, 격식, 신뢰감
	• 붉은 타이:	권력과 리더십을 상징, 강력한 메시지 전달
	• 은색 또는 금색 광택 타이:	결혼식, 축하행사 등 특별한 날
	• 네이비 타이:	신뢰감, 차분함, 침착함, 세련됨

색상은 푸른 계열이 가장 보편적이며 무난하다.

• 면접 시 타이 색상 선택은 기업의 로고나 기업의 상징 색상으로 매칭하는 것도 좋다.

   예 삼성: 블루, LG: 레드, 대한항공: 하늘색, 제주항공: 주황색

로고 이미지: 해당 기업홈페이지

• 글로벌 비즈니스 상황에는 상대방 국가의 국기 색상 또는 상징 색상으로 타이를 매칭하는 것도 좋다.

   예 중국: 레드, 미국: 네이비+레드, 호주: 엘로우+그린

4) 기타

▨ 벨트

벨트는 검정색 혹은 브라운색상의 정장용 가죽벨트가 무난하며 특정브랜드의 로고
가 너무 크게 나타나있는 것은 자칫 품위를 떨어뜨릴 수 있으니 주의 하는 것이 좋다.

▨ 구두

• 정장용 구두

끈을 묶는 옥스퍼드타입의 정장용 구두를 착용하며 블랙, 브라운 색상이 적당하
다. 정장의 색상에 따라서 두 세 켤레 정도 준비하는 것이 좋다.

또한 정장용 구두는 끈이 풀리거나 뿌옇게 먼지가 쌓이지 않도록 주의 하며 정장
용 구두는 구두용품으로 항상 광이 나도록 잘 관리가 되어있어야 한다. 구두의 뒤축
이 많이 닳거나 구겨 신지 않도록 주의해야 한다.

▨ 액세사리

남성의 경우 시계를 기본으로 착용하며, 팔찌, 목걸이, 반지 등의 과도한 액세서리는
품위를 떨어뜨릴 수 있으니 주의하는게 좋다.

5 여성의 기본 복장

1) 여성의 기본정장

- 여성의 경우 수트는 블랙 또는 네이비(감청색)을 선택하는 것이 좋고 치마, 바지 정장 모두 가능하다.
- 정장 선택 시 상하 한 벌인 것을 선택하고, 같은 색상과 원단이어야 한다.
- 스커트의 길이는 무릎정도가 적당하며, 너무 짧은 스커트는 피한다.

2) 블라우스, 탑

화이트 블라우스나 탑을 매칭하는 것이 좋고, 블라우스나 셔츠의 깃이 너무 목쪽으로 올라오는 것은 자칫 답답해 보일 수 있으니 주의하는 것이 좋다.

색상이 화이트인 것만큼 셔츠의 깃과 소매는 항상 청결해야하며 다리미로 깨끗하게 다려 져 있어야 한다. 또한 셔츠의 깃과 소매의 청결함에 특별히 더 신경을 써야한다.

3) 기타 액세서리

▨ 귀걸이

귀밑 1cm 미만의 종류로 선택하는 것이 좋고 큐빅, 진주 모두 가능하다.

움직임이 있거나 큰 사이즈의 경우 고객응대 시 시선을 분산시켜 산만함을 줄 수 있기 때문에 가능하면 착용하지 않도록 한다.

▨ 구두

블랙, 베이지계열의 스틸레토 힐 또는 펌프스가 다리를 길어 보이게 하고 가장 무난하다. 뒤축이 많이 닳지 않도록 주의해야 한다.

▨ 스타킹

- 여성의 경우 정장 착용 시 반드시 스타킹을 신도록 한다.
- 색상은 살구색, 살색, 커피색이 적당하다.

All about
고객서비스 실무

Chapter

12

글로벌 매너

글로벌 매너

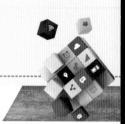

1 글로벌 경쟁력의 힘, 글로벌 매너

출처: http://www.etoday.co.kr/news/view/392426
https://m.chosun.com/svc/article.html?sname=photo&contid=2015072402069#Redyho

영국 버킹검궁전에 중국의 최고위 관료들이 식사초대를 받았을 때의 일화이다.

엘리자베스여왕은 중국 귀빈들을 버킹검 궁전에서 열리는 만찬에 초대를 하였다. 만찬 장소의 테이블은 영국식 테이블로 셋팅이 된 상태였다. 여기서 웃지못할 헤프닝이 발생하였는데, 서양식 테이블매너를 몰랐던 중국 귀빈은 이 테이블 위에 있는 핑거볼 (finger bowl)의 물을 먹는 물로 착각하고 마셔버렸던 것이다. 본래 핑거볼의 용도는 식사 전 손을 가볍게 씻는 용도로 쓰이는 물이다. 핑거볼의 정확한 용도를 알지 못했던 중국의 귀빈들은 핑거볼의 물을 마시는 물로 착각했던 것이다. 그 모습을 지켜본 영국의 관리들이 당황해 어쩔 줄 몰라 하던 찰나 엘리자베스여왕은 재빨리 자신 앞에 있는 핑거볼의 물을 본인도 똑같이 마셔버렸다.

위의 일화에서 엘리자베스 여왕의 행동을 살펴보면 영국의 매너나 에티켓 측면에서 본다면 굉장히 무지하고 어긋난 행동이지만 글로벌 매너 측면에서 보면 아주 매너 있는 행동을 취했다고 할 수 있다. 만약 그 상황에서 엘리자베스 여왕이 핑거볼의 물을 마시지 않고, 영국 관리들이 그 물의 용도에 대해 중국 귀빈들에게 정확히 알려줬더라면 중국귀빈은 고마움 보다는 무안함 때문에 오히려 그 식사자리가 불편했을 것이다. 이처럼 매너라는 것은 상대방의 입장에서 배려하고 생각하는 즉 '역지사지(易地思之)'의 입장에서 생각해야하는 것을 잊지 말아야 하겠다.

언어, 생활방식, 환경 등 서로 다른 문화권에서 살아온 사람들이 상호 소통하는 글로벌 상황에서는 타인의 나와 다름을 인정하고 그들의 문화를 존중하고 배려하는 것 즉, 적절한 매너를 갖추고 행동하는 것은 성공적인 비즈니스를 위해 아주 중요하다. 따라서 글로벌 시대에 서로 다른 문화를 이해하고 적절한 매너를 갖추는 것이야 말로 국제화 시대 성공적인 비즈니스를 위하여 꼭 알아야 할 서비스인의 덕목인 것이다. 본 장에서는 세계화 시대 성공적인 비즈니스를 위해 알아야할 글로벌 매너들을 알아보자.

서로 다른 문화와 환경에서 살아온 사람들이 만나는 글로벌 비즈니스 상황에서 상대방에게 다가가는 첫 시작은 인사이다. 서로 다른 언어를 사용하는 만큼 상대 국가의 인사말로 정중하게 인사하는 것은 상대방에게 친밀함을 줄 수 있고, 비즈니스를 부드럽게 이끌어갈 수 있는 첫걸음이다. 따라서 글로벌 비즈니스 상황에서 상대 국가의 인사말 정도는 기본적으로 알아놓도록 하자.

1) 각국의 인사말

국가	인사말
중국	• 니하오(你好) → 중국은 '니하오' 또는 '니하오마'로 인사한다. • 쎄쎄(谢谢): 고맙습니다/감사합니다.
일본	• 오하요고자이마스(おはようございます): 아침인사 • 곤니찌와(こんにちは); 점심 인사 • 곰방와(こんばんは); 저녁인사 • 아리가또 고자이마스(ありがとうございます): 감사합니다 → 일본의 경우 밝은 표정과 목소리로 친밀함이 전해지도록 인사를 해야 한다.
태국	• 사와디카(สวัสดี), 사와디캅 → 태국의 경우 여성에게는 '사와디카', 남성에게는 '사와디캅'으로 인사한다. 불교국가인 태국은 두 손을 합장하여 인사하는 것이 특징이다. • 여성에게 '코쿤카', 남성에게 '코쿤캅': 감사합니다.

국가	인사말
인도	• '살라모아', '나마스떼(Namaseutte)
인도네시아	• 슬라맛 빠기(Selamat Pagi): 아침인사 • 슬라맛 시앙(Selamat Siang): 낮 인사 • 슬라맛 말람(Selamat Malam): 저녁인사 • 뜨리마 까시(Terima Kasih): 감사합니다.
독일	• 구텐모르겐(Guten Morgen): 아침인사 • 구텐탁(Guten Tag): 오후 인사 • 구텐아벤트(Guten Abend): 저녁 인사 • 단케(Danke): 감사합니다.
중동국가	• 살라 알라이쿰(Salaam alaykum) '평화가 있기를' • 와 알라이쿰 아살람(Wa alay-kum as sala:m: '당신도 신의 평화가 깃들기를'
중남미 국가	• 부에노디아스(Buenos dias): 아침인사 • 부에노따르데스(Buenos tardes): 오후 인사 • 부에노 노체스(Buenos noches): 저녁 인사 → 위의 인사말 외에 올라(Hola) '안녕' 또한 많이 쓰이는 인사말이니 참고하자. • 그라시아스(Gracias): 감사합니다.

3 글로벌 식사매너

1) 동양의 식사예절

▨ 예약 시

→ 상대방의 취향을 사전에 미리 확인한다.

상대방이 채식 또는 육식위주의 식사를 하는지 고려하여 레스토랑을 예약한다.

글로벌 비즈니스 상황에서는 다양한 사람들과 식사자리를 할 기회가 많다. 의외로 많은 외국인들이 건강상의 이유 또는 종교적인 이유로 먹지 말아야 하는 음식들이 종종 생긴다. 따라서 이러한 이슈들을 사전에 확인하고 레스토랑을 예약하는 것이 좋다. 또한 선호하는 음식이 있다면 확인 후 예약하는 것도 좋은 방법이다.

→ 상대방 해당국가의 금지음식, 종교적 의례 기간을 확인한다.

종교적 이유로 금식을 하거나 취식하지 못하는 음식들을 사전에 확인해야한다.

예를 들어 이슬람 국가의 경우, 라마단 기간에는 음식을 먹을 수 있는 시간이 정해져 있으며 먹을 수 있는 음식 또한 제한적이다. 따라서 종교적 의례 기간과 이슬람 음식에 붙은 할랄 마크 등을 사전에 확인하자. 종교적 이유로 몇 일간 금식을 하는 문화권인 곳도 있으니 식사 예약 전 사전에 미리 확인해두도록 한다. 또한 불교국가의 경우에도 먹을 수 있는 음식을 제한하는 문화가 있으니 주의하자.

> ※ **할랄 식품**(Halal Food , حلال)
> 이슬람 율법으로 허용되어 이슬람교도가 먹을 수 있는 음식으로 아랍어로 '허락된 것'이라는 뜻의 '할랄(Halal, حلال)'은 생활 전반에 걸쳐 이슬람 율법에서 사용이 허락된 것들을 의미한다. 할랄은 음식뿐 아니라 의약품과 화장품 등 생활 전반에 사용되는 많은 것들을 규정하고 있다. 그중에서 이슬람 율법에서 허락되어 무슬림(Muslim)이 먹을 수 있는 음식을 '할랄 식품(Halal Food)'이라 한다. 고기의 경우 이슬람식 도축방식인 '다비하(Dhabihah)'에 따라 도축한 고기만을 할랄 식품으로 인정하며, 돼지고기를 비롯해 뱀이나 발굽이 갈라지지 않은 네발짐승 등 많은 것들이 금지된다.
>
> —출처: daum 백과 –

※ 라마단 및 할랄 푸드에 대하여

여름에 이슬람 국가에는 매우 큰 행사가 있는데 바로, 무슬림의 단식 기간인 '라마단'이다.

이슬람교는 다섯 가지의 종교적 의무가 있는데, 바로 신앙 증언인 '샤하다(Shahādah)',

하루 다섯 번의 예배를 드리는 '쌀라(Salāh)', 자신이 수입의 일정 부분을 기부하는 '자카(Zakāh)', 라마단(Ramadān) 기간 동안 단식 및 성행위를 금지하는 '사움(Sawm)',

이슬람의 성지인 메카를 순례하는 '하즈(Hajj)'이다.

이슬람에서는 이를 다섯 기둥(Five Pillars)라고 한다.

이 중! 매 년 여름에 이뤄지는 단식이 바로 라마단(Ramadan)이다.

라마단은 '더운 달'을 뜻하는 말로 이슬람력의 9번째 달을 뜻하며 무슬림들은 라마단 한 달 동안 해가 떠있는 시간에는 물, 담배를 포함한 어떠한 것도 섭취하지 않는 의무가 있어

라마단 자체가 단식 기간을 뜻하기도 한다. 하지만, 해가 진 후에는 성대한 만찬을 즐길 수 있어 밤이 더욱 화려해지는 시기라고 볼 수 있다.

라마단은 이슬람력과 함께 새로운 달의 시작인 초승달의 모양을 보고 그 시기를 결정한다.

따라서 매 년 그 시기가 바뀌며, 지역별로 초승달이 목격되는 시점이 다를 수 있어 약간의 차기가 있기도 하다. 예를들어 2017년 기준으로 두바이는 5월 27일부터 6월 25일 낮까지 라마단이 진행되었다.

라마단 기간 동안 주의해야 할 사항이 있나요?

라마단 기간에 무슬림들은 해가 떠있는 동안 물과 담배를 포함한 어떤 것도 섭취할 수 없다. 또한 낮 시간 동안 공공장소에서 먹고 마시거나 담배를 피우고 껌을 씹는 행위 등

권장되지 않는 점 유의하여야 한다.

- 출처: 두바이관광청블로그 -

http://blog.naver.com/PostView.nhn?blogId=dubaitourism&logNo=221008606498

▨ 식사도중 체크사항

→ 식사 중 '쩝쩝' 소리 내어 먹지 않는다.

　　식사도중 소리 내어 먹는 것은 테이블 매너에 어긋나는 행동이다. 하지만, 먹는 음식에 따라 식사 중 소리도 매너인 음식도 있다. 일반적으로 동양이나 서양의 식사매너 중에 소리를 내는 것은 식사예절에 어긋나는 행동이지만 일본식 면 요리, 소바, 우동, 라멘 등을 먹을 때는 '후루룩' 소리를 내어 먹는 것이 예의이다. 이는 "맛있게 잘 먹었습니다"라는 의미로도 인식된다.

→ 젓가락으로 음식을 휘젓거나 음식을 집어 건네지 않는다.

　　반드시 공용 젓가락과 숟가락을 이용해서 음식을 덜어 오도록 해야 한다. 또한 젓가락으로 음식을 건넨다거나 집어서 다른 사람의 접시 두지 않는다. 일본문화권에서는 젓가락으로 음식을 집는 행위가 좋지 않은 행위로 인식되니 주의하자.

→ 개인용 스푼 사용하여 국물 요리를 덜어 오기.

　　국물요리를 덜어 올 때는 반드시 공용 스푼을 이용하여 덜어 오고, 개인용 그릇에 담아 개인 스푼을 이용한다.

→ 중국 요리의 경우 테이블 회전은 시계방향이 원칙이다.

→ 중국요리는 조금 남기는 것이 예의이다.

　　우리나라의 경우 차려준 사람의 성의를 생각하여 그릇을 깨끗이 비우는 것이 예의의 표시였지만 중국의 경우 그릇을 깨끗이 비울 경우 차린 음식이 조금 모자랐다는 의미가 되기도 한다. 따라서 중국인들의 음식초대에서는 음식을 조금 남기는 것이 차려준 음식을 배부르게 먹었다는 의미가 되므로 조금 남기는 것이 예의이다.

　　하지만 최근 중국도 환경문제에 관심을 기울이면서 점점 사라지는 추세이긴 하나 전통적으로 이러한 관습이 있다는 것은 기억하는 것이 좋겠다.

→ 음주 시 술잔은 돌리지 않는다.

음주 시 우리나라의 경우 술잔을 돌리는 문화가 있지
만 타 국가에서는 비위생적인 행동으로 받아들려 질수
있으니 주의하자.

▨ **식사 후**

냅킨을 접어 의자나 테이블위에 둔다.

2) 서양식 테이블매너

▨ **예약 시**

국내외 고급 레스토랑을 비즈니스 상 방문할 경우에 방문일자, 시간, 인원수 등을 고
려하며 반드시 사전에 예약을 한다. 특히, 유명레스토랑일 경우 사전 예약 없이 방문할
경우 오랜 웨이팅으로 불편할 수 있으니 반드시 사전 예약 후 방문당일 예약사항에 대
해 확인하고 방문하도록 한다. 또한 예약 시 제공되는 음식에 대해서도 사전체크하고
비즈니스 상대가 못 먹는 식재료에 대해서는 사전에 체크해둔다.

예 베지테리언(Vegetarian) 종교적 음식제한(힌두교, 이슬람교 등), 알러지(allergy)

▨ 드레스 코드(Dress Code)

고급 레스토랑의 경우에 격식에 맞는 용모와 복장을 갖춘다. 남성의 경우 타이를 매지 않았을 경우 드레스코드에 맞지 않아 입장이 거부당할 수도 있으니 사전에 체크하자. 남성, 여성 모두 품위 있는 용모와 복장매너를 갖출 수 있도록 한다.

▨ 착석

레스토랑에서 직원의 안내에 따라서 정해진 자리에 착석한다.

냅킨은 참석자 전원이 착석했을 때 무릎위에 펼치고, 테이블과 의자의 거리를 적당히 조절 한다.

▨ 식사 중 매너

- 서양테이블에서는 플레이트, 잔, 나이프, 포크 등 많은 종류의 기물들이 함께 셋팅이 된다. 이때 양쪽에 있는 물의 위치와 빵의 위치를 혼돈 할 수 있는데 좌측에 있는 빵과 우측에 있는 물이 나의 빵과 물이 되는 것이다. '좌빵우물'을 기억하자.
- 제공되는 여러 개의 포크와 나이프, 스푼 사용 순서는 바깥쪽에서부터 안쪽에 있는 것을 순서로 사용한다.
- 식전 제공되는 빵은 손으로 뜯어 먹고, 빵에 버터나 잼을 바를 때는 버터나이프를 이용한다.
- 식사 중 나이프의 위치 8시 20분 방향으로 하고, 식사중임을 표시한다.
- 생선의 경우 뒤집지 않는다. 한 쪽면을 다 먹고 난후 가시를 발라내고 아랫부분을 먹도록 한다.
- 식사 중 직원을 부를 때는 조용히 손을 들어 아이컨택하여 부른다.

- 나이프나 포크가 떨어졌을 때는 직접 줍지 않고 조용히 웨이터를 불러 해결한다.
- 식사 속도도 매너이다. 상대방의 속도에 맞추어 배려하는 센스가 필요하다.
- 식사 도중 불가피하게 자리를 이동해야 할 경우에 냅킨은 의자 위에 접어서 놓도록 한다.
- 소리를 내어 먹지 않는다.

▨ 식사 후

- 냅킨은 접어서 테이블 위에 둔다.
- 식사 후 나이프의 위치 4시 20분 방향으로 비스듬히 놓고, 식사가 끝났음을 표시한다.
- 여성의 경우 식사 후 테이블에서 메이크업을 고치거나 하지 않는다.

| 식사 중 | 식사 후 |

※ 포크와 나이프의 위치

▨ 기타 테이블 매너 팁

- 과한 향수를 뿌리지 않는다.(음식의 맛과 향에 진한 향수는 방해가 된다.)
- 식사 전엔 손을 깨끗이 씻는다.
- 냅킨으로 닦을 때는 안쪽부분을 이용하고 닦은 후 무릎에 놓을 때는 닦은 부분이

안 보이도록 놓는다.

- 빵을 나이프로 자르지 않는다.
- 재채기, 목걸림 등 생리적인 현상의 경우 양해를 구하고 테이블을 떠나 해결한다.
- 미국이나 유럽국가의 경우 식사 후 반드시 팁(Tip)을 별도로 준비해야 한다. 보통 팁은 금액의 10~20%정도가 적절하며 레스토랑, 호텔 등을 이용할 때는 반드시 팁을 준비하도록 한다.

※ 스테이크 익힘 정도 알아보기

- 레어(rare): 겉은 살짝 익히면서 속은 촉촉하고 육즙과 핏물이 그대로 남아 있는 상태
- 미디엄 레어(medium rare): 겉은 어느 정도 익히면서 속도 약간 익은 상태로 붉은 색이 많이 보이는 상태
- 미디엄(medium): 겉은 어느 정도 익히면서 속은 3분의1정도 익은 상태로 붉은 색이 반 정도 보이는 상태
- 미디엄 웰던(medium welldone): 겉이 바짝 익고 속은 반 정도 익은 상태로 붉은 색이 아주 조금 남아 있는 상태
- 웰던(welldone): 겉과 속은 바짝 익힌 상태로 붉은 색이 거의 없는 상태

4 각국의 선물매너

1) 중국

▨ **추천 선물**

각종 한류상품들, 주류

[예] 뷰티제품들, K-POP제품, 홍삼, 인삼 등의 한국 특산품, 그 밖
의 Made in korea 제품들

※ 중국은 선물을 받기 전에 3번 거절하는 것이 예의라 생각한
다. 따라서 중국인에게 선물할 때는 3번 이상 권하는 것도 필
요하다.

▨ **좋은 의미의 선물**

경사에는 붉은 봉투, 붉은 색 포장지를 사용하는 것이 좋다.

[예] 짝수; 행운, 축의금은 짝수

숫자6(순조롭게 흘러간다)과 숫자8(돈을 번다)은 좋은 의미로 선호된다.

▨ 안 좋은 의미의 선물

- 우산: 헤어짐을 의미(흩어지다, 분산되다)
- 배(과일): 중국 발음 '헌리'로 헤어지다의 의미로 좋지 않다.
- 초록색모자: 배우자의 부정을 상징
- 꽃: 생명이 짧음, 장례식장에서 사용
- 괘종시계(죽음을 의미), 손수건(장례식장), 우산, 거북무늬가 들어간 물건, 부채(절교) 등은 안 좋은 의미로 인식되기 때문에 주의해야한다.
- 홀수: 불길한 의미, 조의금은 홀수
  ※ 파란색, 검은색, 회색: 죽음을 상징

2) 일본

▨ 추천 선물

각종 한류상품들

예 김치, 깻잎, 김 등 한국식품, 홍삼, 인삼 등의 한국 특산품, 그 밖의 Made in korea 제품들

▨ 안 좋은 의미의 선물

- 흰 꽃: 죽음을 상징
- 각종 퍼 제품: 오소리(교활함을 상징), *참고: 여우(풍부함 상징)는 좋은 의미
- 유리잔: 결혼을 앞둔 사람에게 안 좋은 의미
- 화분: 병문안 시 오랜 기간 입원하라는 뜻
- 빗: 괴로운 죽음, 인연이 끊기다.
- 구두, 양말: 윗사람에게 선물 안함.
- 칼: 단절을 의미

3) 베트남

▨ 추천 선물

각종 한류상품들
예 뷰티제품들, K-POP제품, 홍삼, 인삼 등의 한국 특
산품, 그 밖의 Made in korea 제품들

▨ 안 좋은 의미의 선물

- 날카로운 선물은 하지 않는다.
- 신년에는 불과 관련된 선물을 하지 않는다.

4) 미국

USA

▨ ▶ 추천 선물

각종 한류상품들, 동양느낌의 선물

▶ 안 좋은 의미의 선물
- 백합: 죽음을 의미
- 케이크: 보통 미국가정에서는 누군가를 초대했을
때 집주인이 직접 케이크를 만들어 내는 것은 흔한 일이다.
※ 선물은 받은 자리에서 풀어 보는 것이 좋다.

5) 중동권

▨ 추천 선물

각종 한류상품들(K-POP, K-beauty, Tea 등)

▨ 안 좋은 의미의 선물

- 손수건: 이별을 의미
- 금식기간에 식품선물 주의
- 가죽제품 선물 주의
- 지인의 여자친구, 부인의 안부를 묻는 것, 선물하는 것 금기.
  ※ 오른손(선과 행복), 왼손(악과 불행)

6) 유럽권

▨ 추천 선물

각종 한류상품들, 동양느낌의 선물
예 뷰티제품들, K-POP제품, 홍삼, 인삼 등의 한국 특산품, 그 밖의 Made in korea 제품들

▨ 안 좋은 의미의 선물

- 흰국화: 죽음을 의미
- 카네이션: 장례식용(프랑스)
- 짝수의 꽃은 불행을 의미, 홀수로 선물
- 숫자13: 안 좋은 의미

중국의 '꽌시'(关系) **문화**

중국의 '꽌시문화'는 한마디로 인맥문화라 할 수 있다. 중국 발음으로 꽌시는 관계(關係)를 의미한다. 중국의 경우, 정치/경제/사회 등 꽌시가 미치는 영향력은 상당하다. 중국 사람들에게 가장 믿을만한 사람은 가족, 가까운 친척 또는 주변 친한 사람들이었고 이러한 인맥네트워크를 바탕으로 일을 하려는 문화가 팽배해져있기 때문이다.

실제로 필자의 한 지인은 중국사업 진출을 위해 뒤늦게 중국의 한 대학으로 유학을 간 경우도 있다. 유학의 목적은 꽌시를 만들기 위해서이다. 국내에서 충분히 공부했고 사회적 지위가 있음에도 불구하고 중국비즈니스에서는 꽌시의 영향력이 상당하기 때문에 선택한 결정이었다고 한다.

▨ 중국 꽌시(关系)의 단계

- 1단계: 새 친구(신펑요우): 막 관계가 시작되어 얼굴을 아는 정도
- 2단계: 좋은 친구(하오펑요우): 가끔 밥을 먹고 어느 정도 서로 도움을 주기도 하고 받기도 하는 관계
- 3단계: 오랜 친구(라오펑요우): 주변인을 서로 소개하기도 하고 집에서 함께 식사도하는 상당히 깊은 관계

여기에서 더 나아가 형제 꽌시, 의형제 꽌시 등의 관계로 이어질 수 있다. 이는 가족과도 같은 운명공동체로 인식되기도 한다.

Chapter

13

와인 에티켓

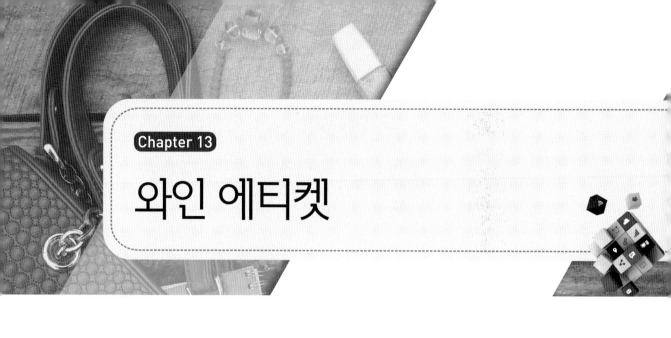

와인 에티켓

1 와인의 역사

와인의 어원은 라틴어 비넘(Vinum)에서 유래하였고, 뜻은 '포도로 만들 술'을 의미한다.
프랑스에서는 와인을 뱅(Vin), 이탈리아는 비노(Vino), 독일은 바인(Wein)으로 생산지역에 따라 다양하게 부르고 있다.

와인의 역사는 원숭이들이 포도를 바위틈에 모아 두었다가 자연적으로 발효가 되어 즙이 나오면 먹었다는 설이 있지만 많은 고고학자들은 약 8000년 전의 그루지아(Georgia)지역의 포도재배 역사로 인류 와인의 역사를 추정하고 있다.

와인이 본격적으로 세계에 전파된 것은 로마 제국 때로 거슬러 올라간다. 로마군은 주둔지에 필요한 와인을 공급하기 위해 현지에서 포도를 직접 수확해 와인을 조달했다고 한다. 이시기는 군대에 필요한 와인을 조달하기 위해 많은 와인이 생산되었고 양조기술 또한 급속도로 발전되어 유럽 와인산업 기반을 다질 수 있었던 중요한 역사적 시기였다.

그 후 로마제국이 멸망한 후 교회가 권력을 장악하면서 자연스럽게 포도 재배와 와인 양조도 수도원이 담당하게 되었다. 수도원에서는 종교의식에 필요한 와인을 만든 후 남은 와인을 일반인에게 판매를 하였는데, 그 규모가 점점 커지면서 와인 산업도 수도원을 중심으로 다시 활성화되기 시작했다. 이 시기에 수도사인 돔페리뇽은 와인 코르크를 발명하였고, 이때부터 코르크 사용은 일반화가 되고 와인병은 규격화 되었다. 18세기 이후 와인 산업은 그 규모가 커짐에 따라 전문양조 중개인들이 수도원을 대신에 와인산업을 주도하였다.

산업혁명을 거치면서 와인은 대량생산이 가능해졌고 저렴한 가격에 대중화 되었으며, 일반인의 식탁에도 자연스럽게 오르내리게 되었다. 2차 세계대전 후 애호가들이 늘면서 와인에 대한 지식이 일반화되고 와인의 품질을 높이기 위해 프랑스, 이탈리아 등 와인 생산국의 다양한 노력이 있었다.

오늘날 와인은 전통적인 생산지인 프랑스, 이탈리아, 스페인뿐만 아니라 미국, 칠레, 아르헨티나, 호주, 독일 등 다양한 지역에서 와인이 생산되며, 엄격한 품질 관리를 통해 높은 품질의 와인이 생산되어 애호가들 사이에 많은 사랑받고 있다. 이처럼 와인은 오랜 역사만큼이나 다양한 역사적 스토리를 가지고 있고, 와인의 깊은 맛만큼이나 오랜 세월의 흔적을 간직한 문화적, 역사적 가치를 지닌 술이다.

　와인은 여러 가지 기준으로 분류되는데 색상, 생산지, 맛, 식사용도, 바디감, 숙성기간 등 다양한 기준으로 분류된다.

1) 색상에 따른 분류

　우선 색에 따라서 레드와인, 화이트와인, 로제와인으로 분류된다.

　레드와인은 껍질, 과육, 씨앗을 넣고 함께 발효를 하며, 껍질에는 안토시아닌이라는 성분 때문에 붉은색을 띄게 된다. 발효과정에서 껍질과 씨앗에서 나오는 타닌(tannin)이라는 성분은 와인의 떫은 맛을 내며 산화를 방지해 장기간 숙성을 가능하도록 한다. 레드와인의 대표 품종으로는 까르베네쇼비뇽, 메를로, 쉬라즈, 삐노누아, 말벡 등의 포도품종이 있다.

　화이트 와인의 경우는 껍질, 과육, 씨앗을 동시에 넣고 발효하는 레드와인과 달리 순수 과육만으로 저온 발효를 거쳐 탄닌이 적고 색상은 황금빛을 띈다. 화이트 와인의 대표 품종으로는 샤르도네, 쇼비뇽 블랑, 리슬링, 모스카토 등의 품종이 있다.

　로제와인의 경우 레드와인과 같이 발효과정을 거치다가 붉은색이 어느 정도 나오면 껍질을 빼는 방식과 발효직전의 화이트 와인에 레드와인을 잠시 넣어 얻는 방식이 있다. 로제와인은 떫은 맛이 적고 연한 핑크, 주황빛의 아름다운 색 때문의 연인의 와인이라고도 불린다.

2) 탄산유무에 따른 분류

탄산이 들어가 있는 와인을 스파클링 와인 (sparkling wine)이라 하며 이는 발효를 마친 와인에 별도로 당분과 효모를 첨가해 2차 발효과정을 거쳐 탄산이 나오도록 만든 와인이다.

스파클링 와인은 생산지역에 따라 다양한 이름으로 불린다.

프랑스 지방에서 생산되는 스파클링 와인은 크레망(Cremant)이라 불리며 이탈리아는 스뿌만떼(Spumante), 스페인은 까바(Cava), 독일은 젝트(Sekt)라 불린다.

※ 샴페인이란?
　프랑스 상파뉴지방에서 생산되는 샴페인도 스파클링 와인의 한 종류이다. 하지만 모든 스파클링 와인에 샴페인이라는 명칭을 쓸 수 없다. 정식명칭은 뱅드 상파뉴(vin de champagne)로 프랑스 상파뉴지역에서 생산되는 스파클링 와인에만 샴페인이라는 명칭을 쓸 수 있다.

3) 생산지에 따른 분류

와인의 생산지에 따라서는 구대륙 와인과 신대륙 와인으로 불리는데 일반적으로 구대륙와인는 전통적인 와인생산지는 프랑스, 이탈리아, 스페인 등에서 나는 와인일 말하며 신대륙 와인은 미국, 칠레 등 아메리카대륙에서 생산되는 와인을 일컫는다.

최근 이 신대륙 와인은 캘리포니아 지역의 천혜의 자연환경으로 포도의 품질과 수

확량이 좋아 와인 애호가들 사이에서도 그 품질을 인정받고 있다.

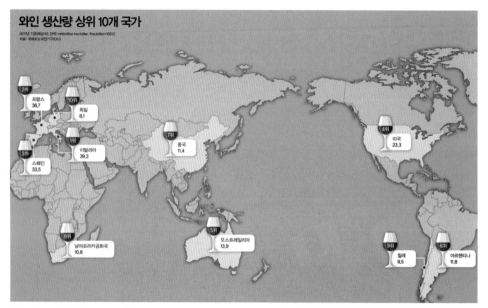

출처: 이코노미 인사이트 2018년 3월호

4) 식사용도에 따른 분류

식사용도에 따라서는 아페리티프 와인(식전주), 테이블 와인, 디저트 와인으로 분류된다.

아페리티프 와인(식전주)은 에피타이져 와인이라고도 하며 식사 전에 식욕을 돋우기 위해 가볍게 마시는 와인으로 주고 샴페인 종류가 많이 선호된다. 테이블 와인은 메인요리와 함께 식사 중에 마시는 와인으로 주로 육류등과 함께 먹기 때문에 스위트한 맛보다는 약간의 떫은 맛이 특징이다. 일반적으로 육류는 레드와인, 생선은 화이트 와인을 곁들여 마신다.

디저트 와인은 식사 후 디저트에 곁들이는 와인으로 식후 입안을 개운하게 하고 굉장히 스위트 한 맛이 특징이다. 이처럼 식사 용도에 따라 다양하게 와인을 선택할 수 있다.

5) 맛에 따른 분류

와인의 맛에 따라서는 크게 드라이 와인, 미디엄 드라이, 미디엄 스위트, 스위트 와인으로 분류할 수 있다.

드라이 와인은 발효과정에서 포도당이 모두 발효가 되어 단맛이 거의 없고 떫은 맛은 강한 상태의 와인의 맛을 말한다. 주로 테이블와인으로 많이 사용된다.

미디엄 드라이 와인은 드라이 와인과 같이 떫은 맛이 있지만 약간의 잔당이 남아있어 드라이한 와인보다는 부드럽다.

미디엄 스위트는 당분이 어느 정도 남아 있어 스위트한 맛이 있지만 스위트한 정도가 강하지 않다. 와인 초보라면 테이블 와인으로 미디엄 스위트 정도를 선택하는 것도 좋은 방법이다.

스위트 와인은 당분이 아주 많이 남아 있어 단맛이 강한 상태의 와인이다.

6) 바디에 따른 분류

와인을 한 모금 머금었을 때 입안에서 느껴지는 와인의 무게감을 표현하는 것으로 일반적으로 라이트바디 - 미디엄바디 - 풀바디로 구분한다.

라이트 바디는 입안에서 느껴지는 가장 가벼운 상태로 물을 입안에 머금었을 때와 우유를 입안에 머금었을 때를 생각해보면 쉽다. 물은 가장 가벼운 느낌의 라이트 바디에 해당되고 우유는 농도나 밀도 질감 등이 가장 묵직한 풀바디에 해당된다. 미디엄 바디는 물과 우유의 중간상태의 무게감이라 생각하면 쉽게 이해된다.

7) 숙성기간에 따른 분류

와인은 숙성기간에 따라서 Young와인, Aged와인으로 구분할 수 있다.

영 와인은 숙성기간이 1~2년 정도로 발효과정이 끝나면 바로 마실 수 있는 와인으로 숙성기간이 짧기 때문에 보통 생산국 내에서 바로 소비하는 경우가 많다.

에이지드 와인은 발효과정이 끝난 후 지하 창고에서 장기 숙성시켜 마시는 와인으로 숙성기간이 길기 때문에 품질이 우수한 와인이 많다.

3 와인 매너

1) 와인 잔의 형태

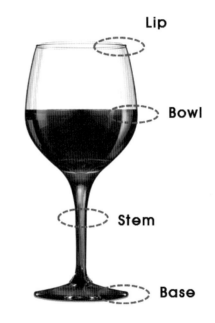

- Lip: 와인을 마실 때 입술이 닿는 부분으로 립(Lip)은 볼(Bowl)부분보다 둘레가 작고 얇은 것이 특징이다. 이는 와인을 잔에 담았을 때 향이 잔 안에 오래 머물도록 하기 위함이다.
- Bowl: 볼(Bowl)은 립(Lip)에 비해 두께감이 있으며 둘레가 넓은 것이 특징이다. 볼은 와인잔의 몸통부분으로 와인을 3분의 1만 채워 스월링(Swirling)하며 맛과 향을 음미할 수 있다. 건배 시에도 얇은 립(Lip)부분 보다 볼(Bowl) 부분을 살짝 터치하면 깨질 염려가 적다.

와인 잔의 형태

- Stem: 와인잔의 다리 부분으로 가늘고 긴 것이 특징이다. 와인을 마실 때 스템 (Stem) 부분을 잡고 마시면 체온으로 인한 와인의 온도변화를 조금이나마 줄일 수 있다.
- Base: 와인 잔의 받침대 부분을 말한다.

2) 와인 잔을 잡는 법

와인을 마실 때 잔의 어느 부분을 잡고 마셔야할까?

이 부분은 사실 정답은 없다. 다만 와인의 경우 온도와 빛에 민감한 술 이라는 것을 기억하자. 특히 차갑게 해서 마시는 화이트 와인이나 샴페인 의 경우 온도에 더욱 민감할 수 있기 때문에 가능하면 스템(잔의 다리부분)을 잡

고 마시는 것을 권한다. 우리 체온의 온도가 36.5도인만큼 볼 부분을 잡고 마시면 미세 하게나마 와인의 맛에 영향을 줄 수 있기 때문이다.

3) 와인을 따를 때

와인을 따를 때 따르는 순서를 기억하자. 일반적으로 연장자가 우선으로 먼저 받으 며 여성에게 먼저 따르는 것이 매너이다.

4) 와인을 받을 때

- 한국의 음주문화는 잔을 받을 때는 두 손 으로 공손히 받는 것이 일반적이다. 와인 잔을 두 손으로 들고 받을 경우 따르는 사 람 이 불편할 수도 있다. 따라서 와인을 받을 때 와인 잔의 베이스 부분에 가볍게 손을 올려 두고 받는 것이 좋다. 와인잔에 와인이 다 채워지면 가볍게 목례로 예의를 표현하는 것도 잊지 말자.

5) 와인 건배 시 주의 사항

- 보통 호텔이나 고급레스토랑의 경우 값비싼 크리스털 와인잔을 사용하는 경우가 있다. 와인잔은 볼 부분보다 입술이 닿는 위쪽이 얇은 편이다. 따라서 건배 시 이 부분이 서로 부딪힐 경우 쉽게 깨질 수 있으므로 주의하자. 볼 부분으로 가볍게 건배를 하는 것이 가장 안정적이고 적당하다.

참석 인원이 많을 경우 일일이 다니며 건배하는 것이 어려우므로 이때는 가볍게 아이컨택하며 잔을 살짝 들어주면 된다.

6) 와인을 마실 때

한국의 음주문화와 달리 와인을 마실 때는 천천히 한 모금씩 음미해가면서 맛과 향을 느낀다. 따라서 원샷은 하지 않는다. 와인은 오랜 기간 지하창고에서 숙성시켜 만든 술이기에 원샷을 할 경우 본연의 맛과 향을 즐길 수 없다. 천천히 맛과 향을 느끼면서 여유롭게 마시는 것이 좋다.

4 기타 와인 용어

1) 스월링(Swirling)

흔히 와인잔을 흔들고 돌리는 것으로 많이 알고 있다.

스월링의 목적은 와인을 잔 안에서 빙빙 돌려 공기와 접하게 만들어 맛과 향을 더 좋게 하기 위함이다. 잔을 돌려 향이 와인잔에 갇히게 되어 아로마나 부케향은 풍부해지고 산소와 접해 맛은 더 깊고 풍부해진다.

2) 디캔팅(Decanting)

지하창고에서 오랜 기간 숙성시킨 와인을 바로 따서 마시게 되면 발효과정에서 생기는 불순물과 오크와 알콜향 때문에 본연의 맛을 느낄 수 없다. 따라서 와인을 디캔터(Decanter)에 담아서 디캔딩 과정을 통해서 불순물을 날려 보내고 공기와 접하게 해 맛과 향은 극대화한다. 디캔딩은 잠들어 있는 와인을 깨우는 과정이라고도 한다.

※ 오랜 기간 숙성시킨 레드와인의 경우 마시기 30분전에 따놓아야 본연의 맛과 향을 느낄 수 있으니 참고하자.

3) 빈티지(Vintage)

- 빈티지란 와인제조에 사용되는 포도를 수확해서 오크통에 담겨진 년도를 의미한다. 같은 와인이라도 빈티지에 따라 가격차이가 나는 이유는 포도수확 년도마다 기후가 달라서포도의 품질이 다르기 때문이다.

일조량이 좋아 질 좋은 포도가 수확된 해에는 같은 와인이라도 비싼 값이 책정되며 기후가 좋지 않아 품질이 떨어지는 포도가 수확된 해에는 같은 와인이라도 좀 더 저렴하게 가격이 책정된다.

4) 아이스버킷(ice bucket)

- 얼음을 담아서 와인을 급속하게 차갑게 하기 위해 사용하는 도구 이다.

5) 와인전용 마개

- 와인은 따서 당일 바로 마시는 것이 가장 좋다. 하지만 부득이하게 남은 와인을 다시 밀봉해야할 때 와인 전용 마개를 이용하는 것이 좋다.

6)와인 오프너 (코르크 스크류)

여러 종류의 코르크 스크류

와인을 오픈할 때 사용되는 도구로 나이프의 모양이 톱처럼 생긴 것이 와인병 입구 호일 컷팅시 좋다. 코르크 마개 오픈 시 코르크의 중앙부분을 정확하게 넣어 돌리는 것이 중요하다. 오프너의 끝이 코르크 중앙부분의 정확한 위치에 잘못 넣을 경우 코르크가 나오다가 부서질 수 있으니 주의하는 것이 좋다.

참고문헌

▨ 학술문헌

- American Marketing Association, 1960
- Asch, S. E. (1946). Forming impressions of personality. The Journal of Abnormal and Social Psychology, 41(3), 258.
- Adams, J. S. (1963). Towards an understanding of inequity. The Journal of Abnormal and Social Psychology, 67(5), 422.
- Clemmer, E. C., & Schneider, B. (1996). Fair Service, In SW Brown, DA Bowen, and TS Swartz. Advances in Services Marketing and Management, 5.
- Gronroos, C. (1988). Service quality: The six criteria of good perceived service. Review of business, 9(3), 10.
- Fatma, S. (2014). Antecedents and consequences of customer experience
- management-a literature review and research agenda. International Journal of Business and Commerce, 3(6).
- Kotler, Phillip: Atmospherics as a Marketing Tool. Journal of Retailing Vol. 49 No. 4, pp. 48-64.
- Parasuraman, A., Zeithaml, V. A., & Berry, L. L. (1988). Servqual: A multiple-item scale for measuring consumer perc. Journal of retailing, 64(1), 12.
- Vargo, S. L. and R. F. Lusch(2004), "Evolving to a New Dominant Logic for Marketing," Journal of Marketing, 68(February), 1-17.
- 동진근, 배상만, 조혜원, & 오상천. (2001). 미소의 심미성. 치과임상, 21(3), 243-249.
- 송은영. (2009). 얼굴 이미지메이킹 프로그램이 자아존중감, 긍정적 사고. 얼굴이미지 효능감에미치는 효과분석, 명지대학교 대학원 석사학위논문, 7.

- 서여주, 임은정, 임미화, & 정순희. (2014). 베이비붐세대의 DISC유형이 모바일 인스턴트 메신저 사용의도에 미치는 영향: 사회적 이미지와 유희성의 매개효과를 중심으로. 소비자학연구, 25(6), 157-179.
- 박연선, & 홍미숙. (2005). 한국인의 퍼스널컬러에 관한 연구- 20대 피부변화를 중심으로. 한국색채디자인학연구, 1(1), 87-97.
- 배기완, 김정훈, & 지현정. (2017). KTX와 SRT 이용객들의 서비스 품질지각, 고객만족, 충성도, 재이용의도 간 관계 비교연구. 호텔경영학연구, 26(7), 129-146.
- 이유재, 라선아, & 이청림. (2016). 한국의 서비스 연구는 어떻게 진화할 것인가?: 학계와 산업계 인식조사를 통해 도출한 미래 서비스 연구의 방향. 경영학연구, 45(6), 2015-2064.
- 이상은, 홍수남, & 방효진. (2012). 퍼스널 컬러 인식도에 따른 메이크업 행동 차이. 한국인체미용예술학회지, 13(3), 133-147.
- 정옥경, 김인규, & 박철. (2011). 서비스 전문성이 고객만족, 신뢰, 그리고 재구매 의도에 미치 는 영향. 고객만족경영연구, 13(1), 57-79.
- 정옥경, & 박철. (2018). 가치공동창출 활동에 대한 고객노력이 서비스 만족에 미치는 영향: 헬스서비스를 중심으로. 서비스마케팅저널, 11(2), 5-15.
- 정옥경, & 박철. (2019). 매장 내 고객경험에 관한 문헌연구. 서비스마케팅저널, 12(1), 17-31.
- 와튼스쿨 불만고객보고서 2006

▨ 국내외 저서

- Jackson, C. (1985). Color me beautiful. Random House Digital, Inc..
- John M. Rathmell(1998). "Marking in the service sector" Cambrige, MA: Winthrop: 36.
- Marston, W. M. (2013). Emotions of normal people. Routledge.
- Mehrabian, A. (1971). Silent messages (Vol. 8). Belmont, CA: Wadsworth.
- Philip Kotler(1999). "Principles of marketing" (5th ed) (New Jersey: Prentice-Hall, Inc: 603.
- Valarie A. Zeithaml, Mary Jo Bitner, Dwayne D. Gremler(2013), 「서비스마케팅」, 청람
- William, M. M. (1928). Emotions of normal people.

- 김영훈, 나현숙 「서비스네비게이션」, 아카데미아, 2010
- 김영갑, 김문호 「미스터리쇼핑」, 교문사, 2011
- 박정민, 「이미지메이킹과 서비스 매너」, 정림사, 2009
- 박혜정, 「서비스맨의 이미지메이킹」, 백산출판사, 2005
- 박혜정, 「고객서비스 실무」 백산출판사, 2010
- 변영희, 김은경, 김지연, 「퍼스널이미지메이킹」, 도서출판청람, 2016
- 심윤정, 신재연 「고객서비스실무」 한올, 2017
- 이유재, 「서비스마케팅」, 학현사, 2014, 2019
- 이기태, 「와인상식사전」, 길벗, 2009
- 이인경, 「인파워&서비스이미지메이킹」, 백산출판사, 2012
- 윤세남, 김화연 「비즈니스 커뮤니케이션」,2018
- 얀칼슨, 「고객을 순간에 만족시켜라」, 성림, 1999
- 얀칼슨, 「고객의 영혼을 사로잡은 결정적 순간 15초」, 다산북스, 2006
- 지희진, 「지교수의 행동하는 매너 메이킹하는 이미지」, 한올, 2014
- 지희진, 「글로벌 매너와 이미지 스타일링」, 한올, 2016
- 전상현. 「한 권으로 끝내는 와인특강」, 예문, 2008
- 조영신, 김선희, 이석호, 「서비스 매너」, 한국방송통신대학출판부, 2012
- 최기종, 「매너와 이미지메이킹」, 백산출판사, 2014

▨ 국내기사

- 굿모닝충청, 서천군 장항문화예술창작공간, 유휴시설 활용 '우수' 이종현, 2018.10.25. 15:51
- 이투데이, [서비스산업이 미래다] 정부, 2023년 '서비스업 좋은 일자리' 50만 개 목표 남주현, 2019-10-03 18:00
- 이투데이, '엘리자베스 여왕 증손녀 보다', 정은선, 2010-12-31
- 이코노미 인사이트, 와인 생산 56년만에 최저… 유럽 기상 악화 등 악재 2018년 3월호
- 중앙일보, 승객 강제로 끌어내린 유나이티드 사태 일파만파…인종차별로 번질 조짐, 이기준, 2017.04.12. 15:14
- 파이낸셜뉴스, '서비스산업 경쟁력 강화 절실' 박소현, 2013.01.27.
- The PR, 기업의 '대고객 언어'가 달라진다, 박형재, 2019.11.20. 09:00
- 한국경제, [워라밸 실천하는 기업] 대한항공, 최대 3년 상시휴직제… 임산부 전용 주차

장도 2018.03.19. 지면 B5

▨ 그 외 매체

- 국립국어원 표준국어대사전
- daum 한국어 사전
- daum 백과
- 잡코리아 http://www.jobkorea.co.kr
- 두바이관광청블로그 http://blog.naver.com/PostView.nhn?blogId=dubaitourism&logNo=221008606498
- (주)한국교육컨설팅연구소 http://www.kdisc.co.kr/shop_main/main_body.htm
- https://1boon.kakao.com/taling/5cb3e41fed94d20001244b5d
- https://www.disc-partners.com/choosing-between-everything-disc-and-disc-classic/
- https://discinsights.com/william-marston 이코노미 인사이트 2018년 3월호
- http://www.economyinsight.co.kr/news/articleView.html?idxno=3930
- https://m.chosun.com/svc/article.html?sname=photo&contid=2015072402069#Redyho
- https://en.wikipedia.org/wiki/Marshall_McLuhan

| 저자소개 |

정옥경

[학력]
- 고려대학교 경영학 박사수료(마케팅 전공)
- 고려대학교 경영학 석사

[주요경력]
- 서비스마케팅학회 사무국장
- 고려대학교 Digital Marketing Lab 연구원
- 고려대학교 세종경영연구소 연구원
- 영진전문대학교 스마트경영 계열 외래교수
- 대경대학교 온라인마케팅과/자동차딜러과 외래 및 겸임교수
- 대구과학대 의무행정과 외래교수 외 다수 대학 강의
- 대구시설관리공단 CS자문위원
- 치과의원 경영총괄실장

[연구실적]
- 국내외 학술지 '서비스마케팅 연구' 다수 발표 및 등재

지현정

[학력]
- 부경대학교 박사과정(관광경영학 전공)
- 경희대학교 석사(관광학)

[주요경력]
- 영진전문대학 전임교수
- 동의과학대학 외래교수
- KTX 1기 승무원
- 코레일관광개발 KTX 승무본부 지사장

[연구실적]
국내 학술지 '서비스마케팅 연구' 다수 등재

All about 고객서비스 실무

초판 1쇄 인쇄 2020년 3월 15일
초판 1쇄 발행 2020년 3월 20일

저 자	정옥경 · 지현정
펴낸이	임순재
펴낸곳	**(주)한올출판사**
등 록	제11-403호
주 소	서울시 마포구 모래내로 83(한올빌딩 3층)
전 화	(02)376-4298(대표)
팩 스	(02)302-8073
홈페이지	www.hanol.co.kr
e-메일	hanol@hanol.co.kr
ISBN	**979-11-5685-870-6**